Ni droite ni gauche
Simplement le bon sens

Politique
Masques et vérités

Etienne Le Sidaner

Copyright © 2012 Etienne Le Sidaner

Regard lucide et bienveillant sur la politique en France
Chapitres inspirés d'articles parus dans la presse nationale et
régionale.
Analyses et réflexions personnelles sur des sujets qui nous
concernent tous.

TABLE DES MATIÈRES

**En littérature, je suis pour le grand contre le petit
et en politique, je suis pour les petits contre les grands**
Victor Hugo

INTRODUCTION

Ce livre n'a pas pour but de promouvoir un individu, une idéologie ou un parti dans le monde de la politique. Mon objectif est de livrer sans masque un point de vue et d'abattre les cartes sur des sujets qu'il me paraît important d'aborder en cette période et sans doute pour longtemps.

« La politique est un art complexe où la vérité doit frayer avec le masque, ceux qui ne dissimulent rien n'y montent pas très haut, ils abattent tout de suite leurs cartes et leurs plans sont aussitôt déjoués et ce sont en général des hommes qui sont animés par les desseins les plus nobles. »

Issue du film *Un Homme d'État* réalisé par Pierre Courrège et sorti (malheureusement) trop discrètement en juin 2016, cette réplique interprétée par l'acteur Pierre Santini, définie parfaitement le cadre et l'identité des pages qui vont suivre.

Je précise qu'il s'agit pour moi du rappel d'un texte qui m'a interpellé sur le sujet.

Toujours dans ce film deux personnages (le Président de la République de droite et un ancien ténor de gauche qui s'est retiré du monde politique) se livrent à un face à face. Un duel intellectuel sur les risques à venir. Les auteurs avaient-ils dix ans d'avance ? Les répliques suivantes nous éclairent.

Le Président de la République :

- « Les valeurs républicaines sont menacées. Les gens ont de plus en plus de mal à s'inscrire dans un projet commun parce qu'ils ne croient plus en la sincérité et à l'efficacité des hommes politiques. Vous et moi savons pertinemment à qui profitera à terme cette crise de la république. »

L'ancien ténor de gauche :

- « Je suppose que vous voulez parler de l'extrême droite ? »

Le Président de la République acquiesce.

L'ancien ténor de gauche :

- « Nous sommes bien d'accord. Mais je ne suis pas sûr que cet accord durera si je vous dis ma conviction intime. A savoir que je vous tiens, moi, pour l'ennemi public numéro un de cette république que vous prétendez sauver. »

Il n'était donc pas si difficile d'entrevoir en 2010, au moment de l'écriture du scénario, ce qui approchait à grand pas et qui désormais frappe à la porte.

Si les auteurs du script (François Bégaudeau et Pierre Courrège) sont parvenus comme simples citoyens attentifs à une telle clairvoyance, comment ceux qui pouvaient agir à l'époque ont-ils pu laisser faire ?

Les réponses sont malheureusement connues et assez évidentes : à l'intérêt général la classe politique a trop globalement répondu par des ambitions individuelles. Et au nom de celles-ci, des problèmes naissants ont pu croître par manque de solutions pérennes. Toujours au nom des ambitions individuelles ou de postures sans lien avec la politique, les réponses apportées aux problèmes présents servent trop majoritairement des intérêts périphériques. Et c'est encore et toujours en raison d'ambitions individuelles que les problèmes à venir connus et prévisibles sont passés sous silence, ou minimisés, ou faussement présentés.

S'investir en politique, c'est prévoir et agir, agir et prévoir. Cette affirmation semble découler du bon sens. Mais elle peut s'avérer bien naïve et pleine de bons sentiments désuets. Car il est évident qu'elle va se confronter à une réalité dont on peut tracer le pourtour en se rappelant quelques citations de personnalités illustres qui se sont investies dans cet art.

En voici quelques-unes :

« La bonne politique est de faire croire aux peuples qu'ils sont libres. »

Napoléon Bonaparte

« Toute classe qui aspire à la domination doit conquérir d'abord le pouvoir politique pour représenter à son tour son intérêt propre comme étant l'intérêt général. »

Karl Marx

« On a trouvé, en bonne politique, le secret de faire mourir de faim ceux qui, en cultivant la terre, font vivre les autres. »

Voltaire

« La politique est l'art d'empêcher les gens de se mêler de ce qui les regarde. »

Paul Valéry

« Comme un homme politique ne croit jamais ce qu'il dit, il est étonné quand il est cru sur parole. »

Charles De Gaulle

« L'un des principes d'avoir refusé de prendre part à la vie politique est que vous finissez par être gouverné par vos subordonnés. »

Platon

Cet ensemble de points de vue résumés me conforte quant à la nécessité de proposer un regard sur les sujets qui nous concernent tous.

Cette conviction est nourrie (entre autres) par deux évidences préliminaires :

Le monde qui m'entoure m'intéresse.

Je n'ai aucune intention de m'engager dans une démarche de responsabilité politique.

C'est donc comme simple citoyen que je propose ce regard et les analyses et commentaires sur ce qui nous concerne tous. En aucun cas je ne cherche, ni chercherai, à ce que ma vision des choses devienne un manifeste. Et si, par hasard, certaines de mes remarques ou propositions venaient à être reprises par des personnes actives dans le champ politique ce sera sous leur unique responsabilité. Si cela devait advenir, cela se fera sans moi, que j'adhère ou non à l'utilisation qu'ils pourraient faire de mes propos.

***

L'évolution de la politique française depuis la constitution de 1948 est complexe et riche. Chaque président a apporté sa vision et ses réformes. Il est crucial de prendre en compte cette évolution pour comprendre les défis et les perspectives de la politique française contemporaine.

Aussi, afin d'éclairer les propos qui suivent, un rappel historique synthétique des politiques menées après la Seconde Guerre mondiale et des enjeux sous-jacents nous a paru nécessaire. Afin de ne pas alourdir le texte, ce résumé est proposé en annexe à la fin de ce livre, mais tout lecteur peu familier de l'histoire contemporaine est invité à s'y référer avant lecture du présent essai.

I - DÉSORDRE PUBLIC
(Un citoyen averti en vaut deux)

Dans son éditorial du 31 mars 2023 dans *Le Figaro Magazine*, Guillaume Roquette, directeur de la rédaction, exprime un point de vue clair et tranché sur « Le désordre public ».

L'introduction de son édito donne le ton : « C'est à croire qu'ils l'ont fait exprès. Au moment même où la France subit une flambée de violence inouïe, des magistrats lyonnais viennent de refuser d'extrader le participant d'un black bloc italien, condamné à dix ans de prison dans son pays pour dévastation et pillage lors du G8 de Gênes en 2001. Le motif de cette décision ? Remettre l'homme aux autorités italiennes « constituerait une atteinte disproportionnée au droit au respect de sa vie privée et familiale. »

Le journaliste poursuit son exposé et son analyse en s'appuyant sur des exemples qui mettent en évidence la multiplication de violences en France. Pour le lecteur, cette démonstration paraît bien difficile à contredire tant les chaînes d'infos ont exploité, par des images et reportages chocs, des événements survenus en marge de manifestations pacifiques destinées à faire entendre à l'exécutif une opposition largement majoritaire à la réforme des retraites. (Loi promulguée mais non votée par l'Assemblée Nationale durant le premier trimestre de cette année 2023).

Guillaume Roquette conclut cet éditorial en soumettant par voie de presse une proposition de mesures que pourrait prendre le Président de la République Emmanuel Macron. Ces mesures auraient, selon le journaliste, un double effet :

- relancer le second quinquennat du Président à la suite de la séquence calamiteuse de la loi sur les retraites
  et
- répondre aux besoins sécuritaires en durcissant la réponse pénale au moyen d'une réforme qui aurait pour objectif de rétablir l'ordre public.

Un lecteur distrait pourrait prendre cet éditorial comme frappé du sceau du bon sens. Mais hélas, cette conclusion serait hâtive. Le lecteur que je suis et qui tend à éclairer les zones d'ombres doit admettre que la position du journaliste est soit le résultat d'une grande naïveté, soit l'intention d'orienter notre pensée de façon simpliste.

Il y a trente ans déjà, un haut fonctionnaire du ministère de l'Intérieur m'expliquait (chiffres à l'appui) pourquoi un état peut avoir recours au laisser faire plutôt qu'à l'action en matière de lutte contre toutes les formes de violences. Cela incluait bien sûr celles commises en marge de manifestations pacifiques légitimes.

Il est plus « électoral » de rétablir l'ordre par des actes spectaculaires que d'éviter que ceux-ci ne se produisent par une anticipation fondée sur l'ensemble des services de renseignements et études régulièrement mises à jour.

En clair, la France dispose de tous les outils nécessaires pour que des exactions, des violences en zones urbaines par des groupes, constituées tant sur les personnes dépositaires de l'autorité que sur d'autres personnes ou sur des biens communs ou privés, soient évitées. Bien sûr, personne n'est à l'abri de l'imprévu. Mais quand cet imprévu devient répétitif, courant, prévisible, il est évident que la technique du « mieux vaut guérir que prévenir » s'érige en consigne. Dans quel but ? Les bénéfices peuvent être multiples : discréditer un mouvement pacifique, interdire, faire diversion.

En ne tenant pas compte de cette réalité, le rédacteur en chef du *Figaro Magazine* participe à cette position qui consiste, sous couvert de critiques apparentes et/ou de conseils, à soutenir un pouvoir qui met en scène son autorité par du spectaculaire alors que chaque citoyen est en droit d'attendre que ce même pouvoir utilise son autorité pour assurer la sécurité de tous, y compris de ceux qui manifestent ouvertement un désaccord.

Le bon sens à mon niveau, à notre niveau, est dans ce cas la lucidité. Il apparaît clairement, et c'est un risque sans que ce soit de façon automatique une réalité, que les décisions politiques ne se prennent plus dans l'intérêt général mais bien par stratégies visant à conforter ou orienter des intérêts particuliers.

Il apparaît de ce fait que les convictions fondent comme neige au soleil face aux ambitions. Et, malheureusement, si les convictions concernent le collectif, les ambitions sont plutôt du domaine du sport individuel.

Nul ne doute que Guillaume Roquette soit un homme intelligent. Nul ne doute qu'il soit bien informé des réalités stratégiques. Et nul ne doute que ce soit un journaliste de qualité. Alors pourquoi nous prendre (certes avec délicatesse) pour des imbéciles en omettant l'essentiel, le profond au profit du superficiel.

Quand ceux qui ont les moyens d'agir, quelles que soient leurs opinions politiques, leurs choix au sein d'une démocratie qui tend à perdurer dans de belles et bonnes conditions, quand ceux qui ont accès à la parole publique font le jeu de ceux qui instrumentalisent, tout le monde y perd, y compris ceux qui se croient supérieurs, à l'abri, plus malins.

Il serait temps que ceux qui ont accès aux autoroutes de l'information, que ceux qui peuvent s'exprimer dans les médias et qui (par expérience ou études) disposent des outils leur permettant de distinguer les nuances, stratégies et instrumentalisations, cessent de nous prendre pour des moutons.

Quelles que soient leurs opinions politiques, elles sont respectables. Mais ce qui ne l'est pas (et qui ne l'a jamais été), c'est de tenter d'y faire adhérer les autres en utilisant comme moyen la mauvaise foi.

Cette méthode nourrit encore et toujours la suspicion et la désaffection des citoyens envers le monde politique dans sa globalité. Et comment cela va-t-il se traduire ? La réponse est assez prévisible. Tôt ou tard (et je pense assez tôt), le peuple gavé de ce sentiment d'être pris pour un imbécile renversera la table. Sans ménagement, tout sera balayé, le mauvais comme le bon. Sans distinction, sans nuance. Et comme souvent dans ce genre de situation (l'histoire fourmille d'exemples funestes), ce sont les mouvements extrêmes animés d'un sentiment de vengeance et d'une nécessité d'ordre absolu qui seront portés au pouvoir.

Les dirigeants antérieurs, ceux qui auront par incompétence et cynisme provoqué ce raz-de-marée trouveront toujours le moyen de ne pas subir l'onde de choc provoquée par ce séisme démocratique. Et comme toujours, des boucs émissaires seront désignés, des mesures tout aussi brutales qu'injustes seront appliquées et tout un pays et sa république entreront dans un tunnel. Mais de ce genre de tunnel nul ne connaît la longueur, la durée et les catastrophiques conséquences.

II - IMMIGRATION

La question de l'immigration appelle une analyse approfondie et nuancée de la réalité complexe qui se dessine devant nous. Loin des discours excessifs et des préjugés faciles, il est essentiel de trouver un équilibre entre humanité et réalisme, entre générosité et responsabilité. Mais en cette année 2023, le débat sur l'immigration continue de diviser la société française. Les questions principales aujourd'hui exprimées se fondent sur notre identité nationale, notre capacité d'accueil et notre cohésion sociale. Il nous faut être attentif à ne pas céder, face à ce défi, à la facilité du discours simpliste et à la stigmatisation. Il me semble primordial de faire preuve d'une lucidité sans faille et simultanément d'une compassion éclairée.

Il est inapproprié d'appliquer à ce sujet un code moral. L'immigration, en soi, n'est ni bonne ni mauvaise. Elle est une réalité incontournable dans notre monde globalisé où les frontières sont devenues perméables et les mouvements de populations de plus en plus fréquents.

La lucidité implique de percevoir l'immigration comme un phénomène porteur d'espoir et d'enrichissement culturel mais aussi comme un sujet qui met à jour des défis économiques, sociaux, culturels.

Il est essentiel de reconnaître que l'immigration est souvent le fruit d'un déchirement profond, d'une nécessité impérieuse de fuir des pays déchirés par la guerre, la violence ou la misère. Les migrants ne franchissent pas les frontières par caprice ou animés d'une quelconque malveillance à l'encontre des pays dans lesquels ils se rendent. Leur motivation s'insère dans la nécessité vitale. Ils fuient souvent conflits, pauvreté ou persécutions. Ils méritent notre empathie et notre solidarité. Il nous faut garder en mémoire que derrière chaque chiffre statistique se cache un être humain avec ses espoirs, ses souffrances et ses rêves. Restons vigilants à ne pas réduire les migrants à des catégories abstraites et à toujours garder en mémoire que cette grande quantité d'individus se compose d'êtres singuliers en quête d'une vie meilleure.

Droits de l'Homme.

La France, pays des droits de l'Homme, doit rester fidèle à ses valeurs fondamentales en offrant protection et accueil à ceux qui en ont besoin.

C'est probablement à la lumière de cette réalité tragique (pour une partie de l'humanité) et de ce principe de valeur attribué à Michel Rocard : « La France ne peut pas accueillir toute la misère du monde, mais elle doit en prendre fidèlement sa part. »

Il semble donc sage d'examiner le sujet de l'immigration à l'aune de ces deux principes fondamentaux.

L'immigration ne peut être ignorée sur un plan pratique

Les ressources d'un pays sont limitées et il est nécessaire de garantir une intégration harmonieuse des nouveaux arrivants dans la société française. Cela nécessite des politiques d'immigration réfléchies et bien gérées qui favorisent l'intégration économique, sociale et culturelle des migrants, tout en préservant les équilibres existants. La France, comme tout autre pays, est confrontée à des défis majeurs en matière d'emploi, de logement et de services publics. Nous ne pouvons ignorer ces enjeux, mais nous devons éviter d'instrumentaliser les migrants pour justifier des politiques d'exclusion et de rejet.

Dans ce contexte tendu, il faut également noter l'importance de la responsabilité individuelle dans ce débat. Il semble fondamental de faire preuve de courage et de nous interroger sur nos propres craintes et nos préjugés. La rencontre avec l'autre, avec celui qui vient d'ailleurs, est une occasion de grandir, de s'enrichir mutuellement et de renforcer les liens qui nous unissent en tant qu'êtres humains.

Mais la question de l'immigration doit également être abordée dans un esprit de coopération internationale. Les défis migratoires sont transnationaux et une approche isolée ne peut mener qu'à des impasses. La France se doit de travailler en étroite collaboration avec les autres pays tant au niveau européen qu'international pour trouver des solutions communes. Celles-ci doivent s'élaborer en ayant en permanence à l'esprit le souhait de trouver et mettre en pratique des solutions à la fois justes et durables fondées sur le respect des droits humains et la solidarité entre nations.

La coopération et la solidarité sont les clefs pour répondre aux flux migratoires de manière humaine et efficace.

Lucidité et compassion

Il apparaît clairement que le sujet de l'immigration se présente comme un des défis majeurs dans la France de 2023. Les interrogations que ce sujet met à jour nécessitent une approche équilibrée et pragmatique, dans le respect des valeurs fondamentales de la République française.

À l'aube d'une immigration climatique venant s'ajouter aux causes déjà énoncées, la mise en place d'une politique lucide et humaniste s'avère être d'une urgence absolue. Ce ne sera qu'en parvenant à trouver cet équilibre délicat entre capacité d'accueil, intégration économique, culturelle et sociale associées au maintien de la cohésion sociale, au respect de la population française, qu'il sera envisageable de bâtir une société inclusive et prospère pour tous.

III - CHAUD DEVANT

Le 21 mai 2023 les médias annoncent :

Le gouvernement lance une consultation sur le réchauffement climatique avec un scénario à +4 degrés d'ici 2100 (en France métropolitaine).

Le gouvernement a donné ce mardi 23 mai 2023 le coup d'envoi de la consultation publique devant définir une nouvelle stratégie pour adapter la France aux enjeux du réchauffement climatique qui, dans une « hypothèse pessimiste » pourrait aller jusqu'à 4°C d'ici à 2100, a annoncé ce dimanche dans un communiqué le ministre de la Transition écologique, Christophe Béchu.

Cette initiative gouvernementale pourrait être qualifiée de citoyenne si elle ne concernait un sujet aussi grave.

À en croire le contenu de cette annonce, on pourrait penser qu'il n'y a aucune urgence, qu'il est bon de concerter face à « une hypothèse pessimiste » dont les effets se feront sentir d'ici 75 ans. Bref on a le temps de discuter.

Est-ce un mal français ou une stratégie politique de brasser de l'air plutôt que d'affronter les problèmes de front ?

On le sait, les différents rapports mettent en évidence qu'il est extrêmement urgent d'agir au plus vite et au plus fort afin de ralentir un processus climatique qui concerne l'ensemble de la planète. Et même en menant des actions drastiques, les impacts pour les territoires et populations mondiales seront dévastateurs et dramatiques.

Il suffit pour cela de se remémorer du rapport du GIEC d'août 2021, qui fait apparaître deux courbes d'un ralentissement brutal du réchauffement climatique, qui ne pourrait advenir que si l'humanité arrêtait totalement de recourir aux énergies fossiles. Sachant que plus de 82% de l'énergie consommée aujourd'hui sur l'ensemble de la planète provient du pétrole, du charbon et du gaz, on imagine à quels renoncements notre civilisation devrait consentir si elle se privait de ces ressources et le chaos économique et social qui en résulterait.

En clair, il est trop tard. Mais on fait comme si. Souvenons-nous de la déclaration du Président Jacques Chirac le 2 septembre 2002 au sommet de la Terre à Johannesburg : « Notre maison brûle et nous regardons ailleurs ».

En 2023, en organisant « une consultation pour s'adapter » le gouvernement français semble nous dire : Il paraît que la maison brûle. Et si on se réunissait pour discuter afin de s'adapter au cas où ?

Mais pour s'adapter à quoi ?

« Nous ne sommes collectivement pas sur la bonne trajectoire » afin de respecter l'objectif de l'Accord de Paris signé en 2015, poursuit le ministère de la Transition écologique dans son document. « Nous ne pouvons donc pas ignorer la tendance actuelle des émissions de gaz à effet de serre : l'hypothèse d'un réchauffement mondial supérieur à 2°C d'ici la fin du siècle ne peut pas être exclue, même si l'atteinte des objectifs de l'Accord de Paris reste notre priorité et notre combat. »

Le gouvernement veut désormais prévoir un « scénario plus pessimiste » correspondant « à la tendance probable en l'absence de mesures additionnelles », dans lequel le réchauffement mondial serait de 3°C, et donc de **4°C en France métropolitaine**. « Il s'agirait ainsi de s'adapter progressivement à un niveau de réchauffement en France métropolitaine de 2°C en 2030, 2,7 °C en 2050 et 4°C en 2100. »

Dans ce scénario, les **canicules pourraient durer jusqu'à deux mois** et certaines zones particulièrement exposées (arc méditerranéen, couloir rhodanien, vallée de la Garonne) pourraient connaître jusqu'à 90 nuits tropicales par an. Le gouvernement s'attend à **des pluies extrêmes plus intenses**, notamment sur une large moitié nord, et à des épisodes de sécheresse de plus d'un mois l'été dans le sud et l'ouest.

Les pénuries d'eau se multiplieront avec de « *fortes tensions sur l'agriculture et la forêt* » et la « quasi-totalité des glaciers français auront disparu ». Des risques accrus sont aussi à prévoir pour la montée des eaux.

« Il faut se préparer concrètement » aux effets « inévitables » du réchauffement climatique « sur notre territoire et sur nos vies », insiste le ministre de la Transition écologique. « Il s'agit de répondre à la question : quel niveau de protection souhaitons-nous atteindre ? », avec une « trajectoire claire en termes d'adaptation" afin de "construire un modèle de résilience au plus près des réalités du terrain. »

Face à cela, le gouvernement, outre les mesures déjà mises en œuvre (plan Eau, Fonds vert...) propose la mise en place de plusieurs chantiers pour permettre aux pouvoirs publics de s'adapter dans différents domaines, comme **le logement,**

l'éducation, les transports, etc. Parmi les infrastructures publiques à adapter figurent les réseaux d'eau qui vont devoir drainer des quantités plus importantes en cas de fortes pluies, ou encore les routes pour laisser passer les secours.

« Les mesures d'adaptation à mettre en place dès aujourd'hui, quelle que soit la trajectoire d'adaptation fixée, représentent au minimum 2,3 milliards d'euros additionnels par an », prévient déjà le gouvernement.

En clair, le gouvernement demande aux citoyens d'imaginer et de commencer à se préparer aux obligations à venir, aux restrictions, aux éventuels (mais probables) impôts climatiques et autres charges et contraintes que nous devrons collectivement supporter. Je ne sais si vous voyez venir le programme ? Je ne sais si vous percevez l'entourloupe ?

Bien sûr, on peut m'accuser de procès d'intention. Mais quelque chose (comme l'expérience) me dit qu'il y a comme un air de « déjà vu » dans l'attitude de nos dirigeants. Autant tirer sur la corde du quidam, du docile contribuable qui râle mais ne rompt pas, autant ne regarder qu'une infime part du problème et passer sous silence les vrais enjeux et donc les vraies solutions.

Cette consultation citoyenne est un piège à cons et les cons… c'est nous. Vous faut-il un exemple pour vous en convaincre ? Très bien :

« Qui aurait pu prédire la crise climatique (...) aux effets spectaculaires encore cet été dans notre pays ? » Extrait du Discours du Président de la République Emmanuel Macron au cours de ses vœux pour la nouvelle année 2023.

Faut oser tenir de tels propos quand on est chef d'État 33 ans après le premier rapport du GIEC (création du Groupe d'Experts Intergouvernemental sur l'Evolution du Climat en 1988). En 1990 le premier rapport du GIEC : « s'inquiète du fait que les activités humaines puissent modifier le climat de la planète par le biais de la production de gaz à effet de serre, par les émissions passées et continues de dioxyde de carbone et d'autres gaz qui entraîneront une augmentation de la température de la surface de la Terre, ce que l'on appelle communément le « réchauffement de la planète ». Le GIEC prévoit alors une augmentation probable de la température moyenne mondiale d'environ 1°C au-dessus de la valeur de 1990 d'ici 2025 et de 3°C avant la fin du 21e siècle, ainsi qu'une augmentation du niveau moyen mondial de la mer de 20 cm d'ici 2025 et de 65 cm d'ici 2100. Quelques années plus tard, le troisième rapport (qui date de 2001) prédit une hausse des températures jusqu'à + 5,8°C d'ici 2100 à défaut d'action résolue. « Les émissions de gaz à effet de serre et d'aérosols dues aux activités humaines continuent de modifier l'atmosphère d'une manière qui devrait affecter le climat ». Les effets du dérèglement climatique sont déjà là.

Dire que rien n'a commencé pour lutter contre le réchauffement climatique serait mensonge. Mais affirmer que ces débuts sont satisfaisants serait faire preuve de cécité ou de coupable naïveté.

Pourquoi tant de lenteur ? Pourquoi le Président Macron ose-t-il faire cette déclaration à l'aube de 2023 ? Pourquoi le ministre de la Transition écologique lance-t-il une consultation citoyenne au printemps de cette même année 2023 ? Les raisons sont toujours les mêmes. Mieux vaut guérir que prévenir et en même temps (le fameux) ne pas être accusé de n'avoir rien fait en faisant le strict minimum.

Selon l'expression « la fin du mois est plus importante que la fin du monde », le monde politique se tire une balle dans le pied et participe activement à ce que bientôt la fin du mois coïncide avec la fin du monde.

Comment agir à notre échelle ? Des idées plus que des solutions.

Imposer en amont et en aval.

En amont :

- Imposer que toutes actions éducatives dans tous les domaines prennent en compte l'aspect écologique local et global. Instruire et mettre l'accent sur le lien perpétuel entre nos actes et leurs conséquences dans ce domaine.

- Imposer que toutes démarches et tous accords dans le secteur entrepreneurial soient subordonnés à l'effet écologique local et global.

- Imposer à la majeure partie des activités à venir de l'homme l'évaluation des liens et des effets relatifs aux aspects écologiques. En d'autres termes appliquer pour l'écologie les mêmes principes que ceux en vigueur dans les domaines financiers sous quelque forme que ce soit.

- Exiger que tout programme en action politique soit prioritairement exposé en rapport avec ses incidences écologiques.

En aval :

- Mettre en conformité l'ensemble des textes de loi dans l'ensemble des secteurs (droit pénal, droit du travail, droit des affaires etc.) avec un droit écologique visant à assurer la préservation de l'environnement.

- Agir et imposer à l'ensemble des secteurs industriels et commerciaux nationaux et internationaux un passeport d'exercice délivré sous conditions de respect de critères écologiques exigeants.

- Mener des actions nationales et internationales (Europe notamment) à but écologique et dont le coût et le financement (au même titre que les décisions financières liées au COVID 19) soient déconnectés des obligations à court terme. Cette politique aurait pour but de les globaliser, mutualiser et échelonner sur une période tenant compte des impératifs et délais dans la lutte contre le réchauffement climatique et l'urgence d'action, dans la sauvegarde et la décontamination des éléments et espaces naturels détériorés par l'activité humaine.

- Lutter massivement contre le gaspillage d'énergie et la production de biens inutiles (jetables, voués à être détruits, suremballages, etc.)

Ces mesures qui semblent évidentes et urgentes sont malheureusement insuffisantes puisqu'elles ne tiennent pas compte des aides indispensables envers des peuples vivants dans des régions déjà lourdement frappées par le réchauffement climatique et du désengagement tout aussi indispensable quant à l'utilisation des énergies fossiles.

Quant aux mesures déjà mises en pratique, il serait bon de ne pas les agiter devant les yeux du citoyen que je suis comme preuves de prise réelle de conscience.

Je suis (hélas) lucide à double titre. Tout d'abord, du fait que ces propositions vont ou peuvent apparaître comme naïves dans le contexte général, tant au niveau national qu'international. À cela s'ajoute ma triste connaissance de la nature humaine qui (je le crains) réagira quand les plus grandes catastrophes se seront produites et qui trouvera les réelles solutions aux seuls profits d'une minorité ayant les moyens de se préserver.

Et si je fais erreur dans cette forme de procès d'intention envers mes frères humains, je serai le plus heureux des hommes.

IV - TERRORISME

Le terrorisme constitue une menace mondiale qui ne cesse de se manifester, et la France n'est malheureusement pas épargnée.

Le terrorisme est un phénomène multifactoriel qui trouve ses racines dans des causes variées, telles que les tensions géopolitiques, les conflits régionaux, les divisions ethniques et religieuses, ainsi que les facteurs socio-économiques.

Il n'existe donc pas une seule raison qui puisse expliquer tous les actes terroristes. Mais des tendances et facteurs communs ont été identifiés.

L'idéologie extrémiste, en particulier l'islamisme radical, est souvent citée comme une cause majeure du terrorisme en Europe et en France. Certains individus sont radicalisés par des groupes terroristes qui propagent des idées violentes et cherchent à semer la terreur et à déstabiliser la société.

La marginalisation sociale, notamment l'exclusion économique et sociale, peut conduire certains individus à se sentir aliénés et désillusionnés, les rendant plus vulnérables à la propagande extrémiste et à l'endoctrinement.

Le sentiment d'injustice, perçue envers certains groupes de population, peut être exploité par les groupes terroristes pour recruter des individus qui se sentent discriminés ou opprimés.

Internet et les réseaux sociaux jouent un rôle important dans la radicalisation, permettant la diffusion rapide de discours extrémistes et facilitant le recrutement de terroristes potentiels.

Les conflits internationaux, notamment au Moyen-Orient, peuvent entraîner des migrations de populations et des mouvements de réfugiés, créant des tensions et des divisions sociales susceptibles d'être exploitées par des groupes terroristes.

Des facteurs individuels, tels que des problèmes de santé mentale, des traumatismes personnels, la recherche d'une identité ou le désir de notoriété, peuvent également jouer un rôle dans la radicalisation de certaines personnes.

La lutte contre l'extrémisme radical est une priorité :
Prévenir, démanteler et protéger

La prévention de la radicalisation constitue un aspect essentiel de la lutte contre l'extrémisme. Des programmes de sensibilisation et d'éducation sont mis en place dans les écoles, les universités et les quartiers sensibles pour aider à détecter les signes précoces de radicalisation et pour offrir un accompagnement aux individus vulnérables.

Des programmes de déradicalisation sont proposés aux personnes déjà radicalisées pour les aider à se désengager de l'extrémisme violent. Ces programmes visent à les réintégrer dans la société en leur fournissant un suivi psychologique, une formation professionnelle et une assistance sociale.

Les services de renseignement collaborent étroitement pour identifier les individus et les groupes impliqués dans des activités terroristes. Le partage d'informations au niveau national et international permet d'améliorer la connaissance des menaces et de mieux anticiper d'éventuelles attaques.

La France a également renforcé sa législation antiterroriste pour faire face à la menace croissante de l'extrémisme radical. Des lois ont été adoptées pour faciliter les enquêtes, les arrestations et les poursuites contre les individus impliqués dans des activités terroristes.

Les autorités ont pris des mesures pour fermer des lieux de culte et des associations radicalisés soupçonnés de propager des idées extrémistes. Ces actions visent à limiter la propagation de la radicalisation dans certains milieux.

La France s'efforce de contrer la propagande de groupes terroristes en ligne. Des efforts sont déployés pour bloquer les contenus terroristes sur internet et pour lutter contre la radicalisation en ligne.

La coopération avec les autres pays, en particulier au sein de l'Union européenne, est cruciale pour lutter contre le terrorisme transnational. La France participe à des initiatives multilatérales pour partager des informations, coordonner les efforts et lutter contre le financement du terrorisme.

Il est essentiel de noter que la plupart des musulmans en Europe et en France condamnent fermement le terrorisme et ne soutiennent pas les idées extrémistes. La majorité des actes terroristes sont commis par une minorité de personnes radicalisées qui ne représentent en aucun cas l'ensemble d'une communauté ou d'une religion.

Renforcer le travail en amont

La lutte contre le terrorisme ne peut se limiter à des mesures sécuritaires. Il est également primordial de s'attaquer aux causes profondes du terrorisme. Cela implique de promouvoir le dialogue intercommunautaire, de lutter contre les discriminations, de favoriser l'intégration sociale et économique des populations marginalisées, et de promouvoir des politiques de développement et de justice sociale. En s'attaquant aux racines du terrorisme, la France peut contribuer à prévenir la radicalisation et à réduire le terreau sur lequel le terrorisme prospère.

Une politique étrangère équilibrée et une diplomatie active sont aussi nécessaires pour résoudre les conflits régionaux et les tensions géopolitiques qui alimentent le terrorisme. La France peut jouer un rôle constructif en encourageant le dialogue, en promouvant des solutions politiques durables et en soutenant les efforts de reconstruction dans les zones touchées par les conflits.

Et de façon plus générale

La lutte contre le terrorisme oblige les acteurs politiques à se poser des questions fondamentales.

Comment faire coïncider cette lutte et ses spécificités avec les principes fondamentaux de l'État de droit et des droits de l'Homme ? Comment s'assurer que les mesures prises restent proportionnées ? Comment accentuer l'implication de la société civile, des acteurs religieux et des communautés locales dans cette lutte afin de renforcer la confiance et de promouvoir une approche inclusive et participative ? Comment renforcer les fondamentaux de la laïcité ?

Autant de questions qui doivent trouver des réponses rapides, lucides, concrètes, fermes et justes.

V - LÉGALISATION DU CANNABIS

Dans le journal Le Parisien en date du 25 janvier 2023 se repose la question du bien-fondé de légaliser la consommation de cannabis en France.

Pour ceux qui l'ignorent, il est rappelé que l'amende encourue par toute personne surprise en train de fumer un joint est actuellement de 200 euros (150 euros si la somme est versée sous quinze jours).

Mais voici que le CESE (Conseil Economique Social et Environnemental), qui est une instance consultative, se prononce en ce mois de janvier 2023 pour une « légalisation encadrée du cannabis ».

Cette recommandation s'appuie sur les travaux d'une commission temporaire qui met en évidence « l'échec cuisant de la politique menée dans ce domaine depuis une cinquantaine d'années ».

Les membres de la commission ont auditionné de nombreuses personnes et se sont également déplacés sur le terrain, notamment dans le sud de la France.

En recommandant la légalisation, « l'objectif premier est d'être guidé par des objectifs de santé publique », estime le porte-parole des Amis de la Terre France. (Les Amis de la Terre France est une association qui milite pour une transition vers des sociétés soutenables au Nord comme au Sud). Cette position, également soutenue par un des deux rapporteurs de la commission en charge de cette étude, vise aussi à affaiblir et assécher le plus possible « le trafic illégal ».

Mais cette vision des choses et son argumentaire ne font pas l'unanimité.

Le chef du service de toxicologie à l'hôpital de Garches n'est pas de cet avis : « Je ne vois pas pourquoi on légaliserait une drogue sous prétexte qu'on n'arrive pas à l'interdire ».

Dans ce face à face entre « pour et contre la légalisation », d'autres arguments sont présentés. Toujours dans le cadre de la santé publique, il est proposé par la commission que des commerces légaux « encadrés » puissent voir le jour. Les gérants de ces négoces se verraient dans l'obligation de suivre une formation liée à la prévention et la réduction des risques. Sur le même principe que la loi Evin concernant le tabac, « toute propagande ou publicité ainsi que toute distribution gratuite ou promotionnelle » serait bannie. Cette position correspond au point de vue du chef de service d'addictologie de l'hôpital Paul Brousse de Villejuif. Ce médecin voit dans cette forme de légalisation « une stratégie pragmatique qui limite les risques en matière de santé publique, sans que cela n'envoie un message pour consommer davantage. »

Mais tous ses confrères n'adhèrent pas à ce point de vue et, parmi ceux qui s'expriment ouvertement sur ce sujet, ils sont nombreux à souhaiter que cesse cette hypocrisie de dire et/ou de penser que les gens ne fumeront qu'à partir de 18 ans car la vente serait interdite aux mineurs et d'imaginer la disparition du marché illégal en légalisant la vente. Pour ces médecins, réduire la consommation passe prioritairement par l'éducation.

Mais ce sujet n'est pas franco-français. Qu'en est-il au-delà de nos frontières ? Quelques pays dont le Canada et l'Uruguay ont déjà légalisé la consommation de cannabis récréatif. Malte a été le premier pays européen à sauter le pas et l'Allemagne devrait suivre d'ici à 2024. Quant à la France, seule une expérimentation du cannabis à usage médical a commencé en mars 2021. Un comité scientifique de suivi a aussi été mis en place.

À qui profite le crime ?

Si la légalisation du cannabis en France est un sujet récurrent, il n'apparaît cependant pas comme un questionnement majeur dans la préoccupation des Français.

En effet, les interrogations sur cette drogue ne figurent pas dans la « short list » des 17 principales préoccupations, qui comprend en revanche le pouvoir d'achat à 54%, la guerre en Ukraine à 36%, l'environnement à 27% et bien d'autres sujets tels que les retraites, la santé, l'immigration, etc. Il est à noter que le dernier thème de cette liste concerne les questions européennes à hauteur de 3%. Pas de cannabis à l'horizon.

Mais si la question du cannabis en France n'est pas un sujet majeur, il est cependant un exemple éclairant pour mettre en lumière des principes politiques.

Pour des sujets tels que le pouvoir d'achat, l'environnement, la santé ou l'immigration, tout citoyen un peu lucide se doute que chacun de ces « problèmes » ne peut se résoudre ou évoluer sans tenir compte de ramifications multiples. En effet, l'interdépendance entre différents domaines nécessite des connaissances spécifiques qui rendent souvent superficiels (et probablement naïfs) les avis du simple citoyen peu éclairé.

Par exemple, comment avoir un avis tranché sur l'environnement sans être parfaitement informé des traités internationaux signés par la France, tant dans ce domaine (l'environnement) que dans des secteurs adjacents tels que l'agriculture, l'énergie, les enjeux économiques, etc. ? Et il est facile et puéril dans ce contexte de répondre à cette observation avec la citation « vouloir c'est pouvoir ».

L'avantage en termes d'opinion politique, en ce qui concerne la légalisation du cannabis, c'est que ce sujet ne semble guère comporter d'interdépendances avec d'autres secteurs. Cette particularité permet à chacun d'avoir un point de vue tranché.

Dès lors, le citoyen ou le politicien en exercice va énoncer son avis à partir de trois principes : la tradition, la connaissance du réel et l'évolution. Ces trois piliers devant soutenir la voûte de toute action politique qu'est l'intérêt général.

Mais une différence notable apparaît dans l'expression du point de vue entre le citoyen et le politicien en capacité de prendre des mesures sur le sujet.

De son côté, le citoyen se sera forgé une opinion en fonction de son rapport entre les trois principes énoncés plus haut : tradition, connaissance et évolution.

En revanche, pour le politicien en exercice une donnée supplémentaire peut venir (rien n'est obligatoire) infirmer ou confirmer son opinion. Ce paramètre a une telle importance qu'il peut pousser le politicien à affirmer et soutenir le contraire de sa pensée, de son point de vue. Cet élément de plus s'appelle son électorat.

L'opinion publique de ceux qui l'ont porté en responsabilités agira sur lui comme une obligation dans sa prise de décision.

Et le paradoxe qui peut (rien n'est écrit) naître de cette situation s'avère être qu'une personne en charge de pouvoirs politiques peut prendre une décision contraire à son avis.

Faut-il s'en réjouir ou, au contraire, s'en méfier ?

Dans le cas présent, et compte tenu que la charge de l'élu est une mission représentative, tenir compte de la majorité de ceux qui lui ont confié cette charge au point de mettre en pratique le contraire de son point de vue est une attitude vertueuse.

Mais il est possible que l'opinion majoritaire largement influencée par l'histoire ou la tradition, insatisfaite des actions du présent et/ou mal informée des connaissances du réel, ne perçoive pas en quoi il est indispensable de privilégier l'évolution. Cette analyse, le responsable politique peut en avoir pleine conscience et c'est éclairé par ces éléments qu'il s'est forgé une opinion et qu'il prendra une décision en opposition avec la majorité de son électorat. Paradoxalement, cette posture peut également être qualifiée de vertueuse.

Enfin, il ne faut pas négliger le principe du lobbyisme auquel sont soumis les responsables politiques et qui peut venir bousculer les hypothèses précédentes.

Si je tiens par l'exemple de la légalisation (ou non) du cannabis en France à apporter des remarques sur certains paramètres menant à des prises de positions dans le domaine de la politique, c'est parce que ce dossier est relativement simple.

Et pourtant, chaque citoyen ayant un point de vue tranché sur ce sujet peut se sentir en contradiction totale ou partielle avec les mesures en vigueur, le droit et les actions à mener de quelque nature qu'elles soient.

Cette mise à jour d'une réalité en matière d'action politique ne doit pas nous empêcher d'exprimer notre avis, de soutenir ceux qui l'expriment dans la représentation nationale et d'être favorables ou critiques une fois la décision prise. Au cœur de la démocratie se tissent des particularités dont nous devons avoir conscience.

Quand un individu est directement concerné par un sujet, il lui est forcément plus délicat d'avoir un avis tranché ou même nuancé qui s'inscrit dans l'intérêt général.

À la fois père, grand-père et même arrière-grand-père d'une famille nombreuse, il m'est arrivé d'être confronté (principalement pour certains de mes petits-enfants) à des problèmes liés à ce sujet.

Comment se soustraire du contexte et des personnes impactées ? Comment parvenir à ce nécessaire recul quand on est directement affecté ?

Le sujet du cannabis a une dimension intime au sein de ma famille. Afin d'éviter que ma douloureuse expérience vienne polluer une vision qui tend vers la sérénité, je vais m'abstenir de faire part de ma préférence dans les réponses à apporter sur ce sujet.

Et ce qui est vrai pour moi, ici et dans ce thème, est forcément vrai pour tout individu dans toute autre situation.

Souvenons-nous de *Douze hommes en colère*, ce merveilleux film de Sydney Lumet avec Henry Fonda.

Ce film met en lumière le fait que nous nous improvisons juges, sans y être préparés, par obligation ou par plaisir. Attention à ce que cette posture ne devienne pas une imposture.

Il nous faut certainement penser à cela dans toutes nos opinions et à fortiori en politique.

VI - EUROPE (PREMIÈRE PARTIE)

Dans son éditorial du 30 septembre 2022, le directeur de la rédaction du *Figaro Magazine* livre une réflexion marquée de lucidité.

« À la vérité, la réalité politique de l'Europe se lit de moins en moins à travers les vieilles étiquettes partisanes. Les vraies différences ne se trouvent plus entre gouvernements de gauche ou de droite, mais entre ceux qui perpétuent une politique libérale traditionnelle, avec la bénédiction de Bruxelles, et ceux qui prennent en compte l'aspiration croissante des peuples à davantage de protection contre l'immigration et l'insécurité autant physique que culturelle. »

Pour bien comprendre les enjeux, il faut revenir à une définition simple (sans être simpliste) de la politique européenne :

« La politique de l'Union européenne (UE) se distingue nettement des systèmes politiques nationaux. En tant que fusion supranationale d'États souverains, elle représente, à l'égard du domaine politique, une innovation historique étant à la fois intergouvernementale et supranationale et une démocratie parlementaire multipartiste. »

Faire la liste de tous les bienfaits de la construction européenne consisterait à se lancer dans une longue énumération.

L'Europe est incontestablement un progrès tant pour les peuples et les pays qui la constituent que pour le reste du monde.

La question n'est donc pas de savoir s'il faut remettre en cause son existence. Les interrogations qui concernent cette entité (en perpétuelle évolution) sont tout à la fois culturelles, économiques, sociales, politiques et géographiques. Ces questionnements ne portent pas sur son état mais bien sur sa nature.

Avec 50% de participation du corps électoral aux élections européennes de 2019, la France se situe en milieu de tableau par rapport aux autres pays membres.

Faut-il voir dans ce taux le verre à moitié plein ou le verre à moitié vide ?

À titre de comparaison en 2017, l'INSEE (Institut National de la Statistique et des Études Économiques) nous précise que 86% des inscrits ont voté à au moins un tour de scrutin de l'élection présidentielle.

Toujours à titre de comparaison, en 2014, le taux de participation aux élections européennes en France atteignait 42,5% et 43% pour la consultation de 2009.

Enfin, pour compléter cette photographie de l'état d'esprit des français vis-à-vis de l'Europe, il est important de mentionner le résultat de l'Eurobaromètre de novembre 2019, qui fait apparaître que 58% des français expriment une défiance vis-à-vis de l'UE, contre 32% qui lui font confiance et 10% qui « ne savent pas ».

Tout est affaire d'instruction

L'Europe est à la fois une entité géographique, économique, sociale, politique, culturelle…

Chaque citoyen qui réside dans cet espace participe à son histoire présente et future et devrait avoir un minimum de savoir sur son histoire passée.

Pour comprendre l'Europe en tant qu'UE (Union Européenne), pour avoir un avis et donc s'exprimer avec un minimum de savoir, le rôle de l'Education nationale est crucial.

Certains aujourd'hui (comme hier) critiquent (généralement en partie) cette Europe.

Pour beaucoup de Français, l'UE est utile quand elle sert les intérêts des Français (et plus particulièrement les leurs) et devient nocive quand ces mêmes Français ont le sentiment (parfois justifié) qu'ils ne tirent aucun bénéfice et, pire encore, s'ils ont le sentiment d'être des espèces de « dindons de la farce ».

Si à cela s'ajoute une certaine opacité (parfois dénoncée) sur la manière dont des décisions sont prises au sein de l'exécutif de la Commission européenne et (cerise sur le gâteau) les 12489 organisations recensées et les 50000 personnes environ qui effectuent du lobbying auprès de l'UE, il est aisé de comprendre sur quoi repose le socle de la méfiance pour certains, la source du désintérêt pour d'autres.

Mais rien n'est inéluctable, définitif et sans issue.

Et il me semble que renforcer le thème de l'Europe en tant qu'objet d'étude dans les programmes scolaires de plusieurs disciplines (histoire, éducation civique, géographie, langues étrangères), comme l'ont fait d'autres pays de l'Union européenne, pourrait constituer un début de réponse pour combler le fossé qui sépare les citoyens de cette institution dont nous dépendons tous et sur laquelle il nous est demandé d'agir par nos votes, par nos engagements tant personnels que professionnels.

Voici ce que publiait en 2020 l'Institut Jacques Delors sur l'enseignement de « L'Europe » au sein de l'école en France.

« … dans l'enseignement en France, les enjeux européens sont souvent relégués au second plan. En histoire, l'approche est souvent très franco-centrée. L'Union européenne est souvent présentée de manière très descriptive et très technique. En géographie, l'espace européen est abordé de façon marginale et au collège aucun chapitre n'est consacré spécifiquement à l'Europe si ce n'est aussi dans une perspective franco-centrée. »

Malheureusement, pour commencer à remédier à cette carence, l'évolution se fait beaucoup trop lentement. Il n'est donc pas étonnant que, par ignorance plus que par conviction, les citoyens d'aujourd'hui et de demain conservent une vision faussée de l'UE, laquelle peut mener soit à un désintérêt, soit à des à priori anachroniques ou tout simplement à des points de vue erronés.

VII - COURBE DESCENDANTE

La part de l'industrie manufacturière dans le PIB national en France est passée de 20% en 1970 à 9% en 2020. Cela a bien évidemment des causes mais surtout d'inquiétantes conséquences.

Petit flash-back

Dans les années 70, l'industrie manufacturière jouait un rôle prépondérant dans l'économie, le PIB et l'emploi en France.

Les industries lourdes, telles que la sidérurgie, l'automobile et la construction navale, étaient particulièrement développées et constituaient des secteurs clés.

Dix ans plus tard, les défis s'accumulent avec notamment la concurrence accrue des pays émergents et des coûts de production élevés.

Plusieurs secteurs de l'industrie connaissent des difficultés, ce qui entraîne des fermetures d'usines et des pertes d'emplois dans plusieurs régions.

Dans les années 1990, la part de l'industrie manufacturière dans l'économie commence à décliner progressivement. Les services et le secteur tertiaire prennent de l'importance.

Les entreprises cherchent à se moderniser et à automatiser leurs processus de production pour gagner en compétitivité.

Au début des années 2000, la désindustrialisation se poursuit avec des délocalisations d'entreprises vers des pays à bas coûts de main-d'œuvre.

Certains secteurs de haute technologie tels que l'aérospatiale et l'automobile, demeurent des piliers de l'industrie française.

La part de l'industrie manufacturière continue de diminuer dans les années 2010 et cela bien que les secteurs comme l'aérospatiale, les produits pharmaceutiques et le luxe parviennent à maintenir leur compétitivité.

Durant cette décennie, des efforts sont déployés pour revitaliser l'industrie, encourager l'innovation et soutenir les entreprises dans leur transition vers une industrie plus moderne et durable.

Aujourd'hui

En 2023, il est communément admis que l'industrie manufacturière en France reste un secteur important de l'économie mais sa part dans le PIB impose de poursuivre de chercher des moyens de stimuler la compétitivité, de promouvoir l'innovation et de favoriser la transition vers une industrie plus verte et numérisée.

Volonté argumentée

S'il apparaît comme indispensable de se pencher avec attention et d'agir concrètement sur ce secteur, c'est parce qu'il est clair que les conséquences de cet affaiblissement portent sur différents domaines fondamentaux.

- La désindustrialisation conduit de façon mécanique à la fermeture d'usines et à la suppression d'emplois dans le secteur manufacturier. Cela affecte directement les travailleurs de l'industrie, entraînant des licenciements et des difficultés économiques pour les familles touchées. Il découle de ces pertes d'emplois un impact sur les revenus des ménages, une baisse de la consommation et un ralentissement de la croissance économique.

- La réalité de la désindustrialisation conduit à un déclin économique dans les régions qui dépendent fortement de l'industrie. Cela mène à une diminution des investissements, des infrastructures vieillissantes et des difficultés sociales.

- Sur le plan national, la désindustrialisation est cause d'affaiblissement de la compétitivité de toute l'économie. Moins de production nationale signifie augmentation de la dépendance aux importations et vulnérabilité face à la concurrence internationale. L'augmentation des importations (par rapport aux exportations) déséquilibre la balance commerciale.

- Cette désindustrialisation nous rend, de fait, plus dépendants des autres pays (intra UE ou extra UE) pour certains biens stratégiques. Il est facile d'entrevoir les risques encourus pour la sécurité de l'approvisionnement en cas de perturbations mondiales.

- La désindustrialisation génère de façon automatique des défis sociaux, tels que la hausse du chômage, la précarité économique, les inégalités et les problèmes de reconversion professionnelle.

- Enfin, pour conclure cette liste (non exhaustive) au goût « macabre », la désindustrialisation entraîne une perte de savoir-faire, d'expertise et de capacités technologiques dans certains secteurs. Le risque dans ce cas précis réside dans l'affaiblissement de l'innovation et du développement futur de l'industrie.

Faut-il être d'un bord politique pour s'apercevoir que, dans le domaine de la politique, certains secteurs doivent être traités avec diligence et anticipation ?

Comment ne pas s'étonner - et le sujet de ce chapitre peut en être un exemple - qu'il n'y ait pas consensus et regroupement des forces vives de tous bords dans ce secteur ou dossier politique ?

Comment percevoir et interpréter les signaux qui nous sont adressés par les responsables politique, quand l'intérêt général n'est pas au rendez-vous sur des sujets aussi vitaux pour une nation et son peuple ?

Pourquoi les hommes politiques ne parviennent-ils pas à afficher avec sincérité l'union pour joindre leur détermination sur un sujet capital ? Faut-il voir en cela une ou des stratégies liées à des ambitions personnelles ? Faut-il lire dans ce manque d'unité des divergences idéologiques profondes, funestes pour notre avenir commun ?

Autant de questions que chaque citoyen est en droit de se poser.

J'ose espérer que la politique n'est pas seulement une perpétuelle campagne électorale.

VIII - LE MASQUE

Si j'ai intitulé ce livre *Politique - Masques et Vérités*, c'est parce que dans mon exigence et désir et de lucidité, il me faut ne pas omettre que parfois le personnel politique utilise ce que j'appelle raisonnablement « le masque », pour accéder au pouvoir, ou dans l'exercice du pouvoir.

Afin de ne froisser personne mais en cherchant cependant à mettre à jour aussi cette réalité, je vais, dans cet article, sans nommer personne, mettre en lumière des agissements ou phénomènes qui, selon moi, entrent en ligne de compte dans la désaffection du citoyen envers sa classe politique. En contrepoint d'agissements, à mes yeux condamnables, je vais exposer les moyens essentiels dont disposent les citoyens pour conserver la lucidité et la clairvoyance face à des attitudes et pratiques qui me paraissent nuisibles pour la démocratie et qui entachent injustement l'ensemble du personnel politique.

La politique peut être un terrain propice à la désinformation, à la manipulation et aux comportements inappropriés chez certains individus.

La désinformation

La désinformation et la propagation de fausses informations peuvent être utilisées par certains hommes politiques pour influencer l'opinion publique, ternir l'image de leurs opposants ou renforcer leurs propres positions.

Les fake news se propagent à travers les réseaux sociaux et les plateformes en ligne. Certaines personnes mal intentionnées, y compris des acteurs étrangers, peuvent utiliser ces informations trompeuses pour influencer l'opinion publique et semer la confusion.

La désinformation peut être exacerbée par une méfiance envers les médias traditionnels et l'émergence de sources d'information alternatives moins fiables. Certains politiciens peuvent également exploiter cette méfiance pour discréditer les médias indépendants et favoriser leurs propres narratifs.

La désinformation politique peut consister en la distorsion délibérée de faits, la manipulation de statistiques ou la présentation sélective d'informations pour soutenir une certaine position politique.

L'importance des médias

Pour lutter efficacement contre les fake news et la désinformation, la qualité des médias s'impose notamment en tant que défenseur de l'information vérifiée, de l'objectivité et de l'intérêt public.

Les médias professionnels ont pour mission de vérifier les informations avant de les publier. Ils s'appuient sur des sources crédibles, des enquêtes rigoureuses et des processus de vérification pour s'assurer de l'exactitude des informations diffusées.

Avec une presse indépendante, il est possible de fournir une couverture équilibrée et objective des événements politiques. Les citoyens s'attachent à ce que la presse présente différents points de vue de manière équitable et à éviter tout parti pris ou sensationnalisme.

En tant que « quatrième pouvoir », la presse joue un rôle clé dans le fonctionnement de la démocratie. Elle nous informe sur les actions du gouvernement, les politiques publiques et les enjeux politiques, ce qui permet de prendre des décisions éclairées lors des élections.

Les médias ont également la responsabilité de sensibiliser le public à la désinformation et aux risques associés aux fake news. Ils peuvent expliquer comment repérer les sources d'information peu fiables et encourager le fact-checking.

De nombreuses organisations de presse disposent de services de fact-checking et de vérification des sources. Ils examinent les déclarations des politiciens et les informations virales pour déterminer leur véracité. Ces initiatives aident à démystifier les fake news et à établir la vérité.

Les journalistes sont tenus à des normes élevées de déontologie professionnelle, ce qui inclut l'obligation de rapporter avec précision et intégrité. L'honnêteté journalistique consiste à délivrer un récit des faits qui tend vers la neutralité et l'impartialité, bien qu'il faille garder à l'esprit le fait qu'informer, c'est toujours faire un choix, tout regard étant par définition subjectif. A défaut de pouvoir être pleinement atteinte, l'objectivité doit – comme pour l'historien - demeurer l'horizon du journaliste.

Étant donné leur statut, les médias professionnels disposent d'un accès direct aux sources d'information et aux responsables politiques. Ils sont en mesure de recueillir des informations de première main et de fournir une couverture exhaustive des événements.

En tant que citoyens, il est crucial de soutenir une presse indépendante, pluraliste et de qualité. S'appuyer sur des sources d'information fiables et vérifiées est essentiel pour contrer les fake news et protéger la démocratie. Les médias jouent un rôle fondamental dans la lutte contre la désinformation et dans la préservation de l'accès à une information de qualité en France. Il ne tient qu'à nous de s'assurer conserver cette qualité et exigence professionnelle.

A cela s'ajoute la nécessité d'intégrer aux programmes scolaires une formation à l'esprit critique, afin d'apprendre aux futurs citoyens à reconnaître les situations où il risque d'être pris en défaut. L'exercice du discernement implique la vérification et l'analyse des sources par une méthode et des outils efficaces, afin d'éviter les discours trompeurs, en particulier ceux véhiculés par les nouveaux médias.

L'émotion vecteur d'influence

Certains acteurs politiques utilisent des tactiques émotionnelles pour influencer l'opinion publique, en jouant sur la peur, la colère ou la sympathie pour faire avancer leurs présences médiatiques et nourrir leurs ambitions personnelles.

Si elles peuvent être utilisées dans un but de manipulation et de déformation de la réalité, les émotions peuvent aussi être exploitées de façon sincère pour mobiliser pour des causes justes et obtenir des soutiens.

Il est donc de notre responsabilité, de notre capacité d'analyse, de clairvoyance, de discernement et d'esprit critique, d'évaluer comment l'émotion est utilisée dans la politique, de se concentrer sur les enjeux fondamentaux et les propositions politiques plutôt que de se laisser emporter uniquement par l'émotion.

<u>Quelques utilisations… à votre bon cœur messieurs dames</u>

- Pour créer un lien avec le public, les politiciens utilisent souvent des discours qui suscitent des réactions émotionnelles. Ils peuvent évoquer des histoires personnelles, des anecdotes touchantes ou des expériences vécues pour susciter l'empathie et la sympathie.
- Les campagnes publicitaires politiques sont aussi parfois conçues pour susciter des émotions spécifiques chez les électeurs. Des publicités émouvantes, inspirantes ou provocantes peuvent être utilisées pour galvaniser le soutien ou attirer l'attention sur un enjeu particulier.
- L'émotion peut également être un moyen d'expression pour dénoncer des injustices ou critiquer des politiques en mobilisant la colère ou l'indignation.
- Certains politiciens n'hésitent pas à utiliser l'émotion de la peur pour susciter une réaction et justifier certaines politiques ou actions. Il faut reconnaître qu'on retrouve assez régulièrement ce procédé dans les discours sur la sécurité nationale, la criminalité ou les menaces externes.
- Dans d'autres situations, les hommes utilisent des symboles ou des événements émotionnels pour marquer l'imaginaire collectif et susciter un sentiment d'unité ou de fierté nationale.
- Lors des débats politiques, l'utilisation de l'émotion est également un moyen pour déstabiliser l'adversaire, renforcer les arguments ou gagner l'adhésion du public.
- Enfin, comment ne pas conclure ce petit tour d'horizon émotionnel sans faire référence à ces quelques politiciens qui montrent publiquement leurs émotions personnelles, telles que la tristesse, la colère ou la compassion. Si certains sont probablement sincères, d'autres utilisent ce

procédé pour humaniser leur image et établir une connexion émotionnelle avec les électeurs.

Il est aisé de faire le lien entre ce que j'ai qualifié de « masque en politique » et le recours éventuel aux sentiments et émotions.

Malheureusement ce n'est pas le seul secteur où l'homme politique peut franchir la frontière entre mensonge et vérité. En voici quelques autres qui doivent nous rappeler qu'il serait profondément naïf (voire dangereux) de baisser notre niveau d'analyse et de lucidité.

Paroles, paroles, paroles

« Les promesses n'engagent que ceux qui les reçoivent ». Cette citation de Jacques Chirac illustre avec un certain cynisme une réalité en politique qui aurait tendance à nous faire plus froid dans le dos qu'à nous rassurer.

Ainsi, les hommes politiques peuvent parfois (euphémisme) faire des promesses pendant les campagnes électorales mais ne pas les tenir une fois au pouvoir. À chacun de nous de s'interroger pour savoir si ce type de comportement peut être considéré comme un mensonge ou une manipulation de l'électorat. Malheureusement la réponse intervient généralement trop tard.

Je vous remercie de m'avoir posé la question

Cette expression bien connue de ceux qui ont assisté à des débats entre hommes politiques aguerris traduit au mieux la nécessité de prendre un temps de réflexion avant de pouvoir répondre et au pire un refus de réponse en détournant le propos.

Mais il y a plus dangereux, quand certains hommes politiques tentent de manipuler les médias en diffusant des informations biaisées.

Droit dans les yeux

Corruption et malversations impliquent certains hommes politiques. Inutile de citer ici des exemples, chaque lecteur aura certainement une affaire qui lui revient automatiquement en mémoire. Il y en a tellement.

Comment ne pas comprendre que ces agissements ne viennent pas éroder la confiance du public dans le système politique ?

Terrain et règles du jeu à géométries variables

En conclusion de ce chapitre consacré à une phase plus obscure et/ou plus masquée du monde de la politique, il est bon d'être pleinement conscient que certains hommes politiques peuvent utiliser des stratégies de communication sophistiquées pour détourner l'attention de problèmes réels, pour masquer des erreurs ou des échecs. Gardons aussi présent à l'esprit que la politique est un terrain où les rivalités et les jeux de pouvoir entre les politiciens sont susceptibles de mener à des manipulations et des comportements malhonnêtes.

Il est essentiel que nous soyons conscients de ces risques, et il est de notre responsabilité individuelle et collective de s'informer de manière critique à partir de sources fiables.

La démocratie devrait reposer sur la transparence, l'implication et la confiance entre les politiciens et les citoyens. Il est donc important de promouvoir la responsabilité des hommes politique et la recherche de la vérité dans le débat public et dans l'action publique.

IX - INSÉCURITÉ

Sentiment ou réalité ?

Des chiffres...

Les premiers chiffres de la criminalité et de la délinquance constatées en France en 2022 ont été publiés par le ministère de l'intérieur le 31 janvier 2023. La quasi-totalité des indicateurs sont en hausse par rapport à l'année 2021.

Le service statistique ministériel de la sécurité intérieure (SSMSI) a publié une première photographie de l'insécurité et de la délinquance en 2022. La publication retrace les faits de délinquance constatés par la police et la gendarmerie nationales, les résultats de l'enquête de victimation « Cadre de vie et sécurité » réalisée par l'Insee et les résultats d'une enquête de victimation européenne, Genese.

Sur l'année 2022, les chiffres sont en hausse par rapport à 2021 pour :

- Les homicides (+8%). Le nombre d'homicides a atteint 948 victimes ;
- Les coups et blessures volontaires sur personnes de 15 ans ou plus (+15%). Le nombre de victimes de violences intrafamiliales augmente de 17% ;
- Les violences sexuelles (+11%). Cette hausse concerne autant les viols et tentatives de viols que les autres agressions sexuelles, y compris le harcèlement sexuel

- Les escroqueries (+8%). 1,3 million de ménages métropolitains ont déclaré avoir été victimes d'une escroquerie bancaire en 2022.

Pour ces quatre catégories, la tendance à la hausse avait déjà été observée avant la crise sanitaire.

Les vols sans violence contre des personnes, les cambriolages, vols de véhicules et vols dans les véhicules (à l'exception des vols d'accessoires sur véhicules en forte hausse) progressent en 2022, mais leur nombre reste inférieur à ce qui était constaté avant la crise sanitaire de 2020.

Le nombre de mis en cause pour usage de stupéfiants augmente de nouveau très nettement en 2022 (+13%). Le nombre de mis en cause enregistrés pour trafic de stupéfiants en 2022 est également en hausse (+4%). Ces chiffres avaient déjà fortement augmenté en 2021 avec la mise en place des amendes forfaitaires délictuelles.

... Un sentiment

Les Français ont, en majorité, une perception négative de la situation en matière de sécurité : 60% d'entre eux considèrent la situation comme « mauvaise ». Dans le détail, on relève que la perception évolue selon l'âge. Plus les personnes interrogées sont âgées, plus leur perception est négative.

En plus d'une situation perçue comme mauvaise, la majorité des Français (52%) considère que la situation s'est aggravée par rapport à « il y a cinq ans », quand seuls 14% considèrent qu'elle s'est améliorée.

Cette perception négative se reflète dans le sentiment d'insécurité perçu par les Français dans leur vie de tous les jours. Plus de 9 Français sur 10 (93%) peuvent parfois se sentir en insécurité et 58% ont souvent ou de temps en temps ce sentiment. Les plus jeunes, qui sont les moins négatifs sur la situation de l'insécurité, sont aussi ceux qui se sentent le plus souvent en insécurité (72% des moins de 35 ans se sentent en insécurité souvent ou de temps en temps).

Cette inquiétude face à l'insécurité concerne une grande variété de sujets. Si « les agressions physiques dans l'espace public » sont le sujet le plus évoqué, la plupart des sujets sont cités dans des proportions équivalentes, ce qui témoigne d'inquiétudes multiples et variées. On s'inquiète ainsi dans des proportions importantes des « cambriolages », du « vandalisme », des « vols à l'arraché », des « trafics », des « agressions verbales », du « harcèlement sexuel », du « harcèlement sur internet », des « agressions racistes ou homophobes » ou des vols de véhicules.

Réactions courantes

Les deux réactions les plus courantes, tant de la part du personnel politique que des journalistes et/ou chroniqueurs quand ils abordent ce sujet, portent soit sur l'action des forces de l'ordre, soit sur l'action de la justice.

Pour certains, il faut impérativement et de façon urgente augmenter les effectifs des forces de l'ordre.

Pour d'autres, il est urgent de mettre en place (ou d'appliquer) un arsenal juridique efficace et rapide avec en tête de pont l'augmentation impérieuse des places de prison.

Pour beaucoup, c'est la combinaison des deux solutions qui doit être adoptée afin de répondre efficacement au problème.

A cela s'ajoute le souhait d'une politique de prévention efficace.

Faut-il s'en satisfaire ?

Se donner les moyens d'une répression efficiente, tant par les forces de l'ordre que par le système judiciaire, est bien évidemment une voie à développer sans attendre.

Mais cette solution (bien que lucide et pleine de bon sens) me semble mettre sous le tapis les causes principales de l'augmentation de cette même insécurité.

Je ne prétends pas recenser l'ensemble des raisons qui font que ces chiffres augmentent ou restent constants. Mais il me semble que deux facteurs importants nourrissent les effets. Ne pas les traiter consiste à ne prendre en compte que la réponse et évite de s'interroger sur la ou les questions.

Sans victimiser qui que ce soit, car chaque être humain est responsable de ses actes, il est cependant hypocrite de ne pas faire un lien entre niveau social, niveau éducatif, espoirs, projets et actes délictueux et/ou condamnables.

Il me semble assez cohérent de penser que ceux qui n'ont aucune perspective professionnelle, qui vivent dans des zones défavorisées en termes d'offres d'emploi, dont le parcours éducatif est ou a été chaotique, viennent grossir les troupes d'une population encline à des actions répréhensibles. Il ne s'agit pas de les excuser mais la responsabilité du politique n'est-elle pas (aussi) de fournir aux citoyens les moyens de ne pas basculer en marge d'une société ?

Malheureusement, ce point de vue ne semble pas assez développé et ceux qui préconisent d'agir également dans ces domaines sont inaudibles ou presque. Dans la symphonie médiatico-politique, il apparaît clairement que le maintien de l'ordre et la répression ont l'assentiment de la plupart des intervenants.

Il en va (hélas) de même quant au sort des condamnés à une peine de prison effective. Il ne s'agit pas ici d'émettre la moindre critique sur les peines prononcées par une justice indépendante. Mais qu'advient-il de celui qui purge sa peine dans un établissement pénitencier inadapté, où règne la surpopulation et où agissent des criminels endurcis ou fanatisés ? La prison devient pour trop de jeunes en état de perdition un endroit (presque une école) où ils feront leurs classes pour évoluer et grandir dans le monde de la criminalité sous différentes formes. De nouvelles formes de prison seraient à étudier, plus humaines et plus adaptées à un objectif de réinsertion, à l'instar des expériences menées dans certains pays comme la Norvège. D'autre part, peu de peines de prison sont réellement exécutées en raison de la surpopulation carcérale. Des peines alternatives seraient à étudier.

Là aussi, un État se doit, tant par respect des individus que pour son propre intérêt de sociabilisation et par esprit de dignité, de traiter ses détenus avec andragogie. La fermeté doit y être constante et sans faille, mais celle-ci doit s'accompagner de cohérence en matière de concentration, de logique en matière de répartition et de programme en matière de solution de sociabilisation et de réinsertion.

Attention à la facilité

Beaucoup de personnes en France (comme ailleurs) travaillent, vivent et évoluent dans un contexte difficile, voire très difficile. Ce nombre croissant de Français grossit le nombre de personnes qui regardent ceux qui agissent de façon délictueuse avec de plus en plus de colère et de sévérité. En raison de leurs difficultés dans de nombreux secteurs de leur existence, leur position se radicalise. Au nom de leurs propres souffrances (bien réelles), ils exigent des châtiments implacables et perdent petit à petit leur humanité en ce qui concerne les auteurs de crimes (j'entends par ce mot sa définition généraliste : délits graves).

Nombreux sont les politiciens en exercice ou qui souhaitent conquérir le pouvoir (de façon démocratique) qui ont bien perçu les bénéfices qu'ils peuvent retirer à séduire cette population d'électeurs spécifique et de plus en plus nombreuse.

La stratégie qui consiste à caresser dans le sens du poil peut sembler acceptable dans l'existence. Mais en va-t-il de même en politique ? À quels risques une société s'expose-t-elle en acceptant cette attitude ? Comment convaincre ceux qui s'y adonnent d'y renoncer avant qu'il ne soit trop tard ?

X - LE SENS DU TRAVAIL

Un peu d'histoire passée, présente

Dans notre compréhension du travail, la référence au travail de l'esclave est souvent déterminante.

Le travail moderne se comprend comme un travail libéré de l'esclavage, un travail émancipé. À l'époque moderne, le travail s'entend dans un sens qui s'oppose à celui que lui donnaient les Anciens.

Il est bien connu que dans l'Antiquité, le travail manuel était dévalorisé. Comme en ces temps anciens le travail est une nécessité à laquelle on ne peut échapper, il apparaît comme une servitude.

En raison de ce sens, le travail ne pouvait pas être une activité humaine à part entière. Les Anciens n'imaginaient pas qu'un homme puisse vouloir consacrer sa vie à travailler. Le travail ne pouvait pas être une activité intentionnelle humaine, un projet humain. Si une activité qui a du sens est une activité qui répond à une intention et qui signifie cette intention, le travail ne pouvait pas être une activité humaine en ce sens. C'est pourquoi le travail était assuré par des esclaves ou des serfs qui, certes, étaient des hommes, mais non des hommes à part entière, des hommes libres. Pour eux, le travail était une activité non pas voulue et projetée, mais nécessaire et contrainte.

Au sens moderne du terme, le travail est une activité humaine à part entière, une activité humaine susceptible d'avoir du sens. Elle n'est plus réservée à une catégorie inférieure d'êtres humains. Tout ce que les hommes sont susceptibles de faire au cours de leur vie active est du travail.

Hannah Arendt qui repère bien ce sens moderne du travail et sa différence avec le travail compris comme servile dans l'Antiquité, souligne aussi que dans ce sens englobant, la notion entraîne une totale confusion entre les différentes sortes d'activités dont l'homme est capable et entre leurs différentes finalités.

Évolution

La pandémie liée au COVID 19 a mis à jour un phénomène déjà croissant sur la façon de travailler mais également sur les raisons pour lesquelles nous travaillons.

S'il faut se méfier des généralités car la notion de sens varie d'une personne à l'autre, il apparaît cependant (dans une étude récente) que la priorité est désormais accordée à un travail stimulant. C'est notamment le cas pour 86% des jeunes diplômés.

Mais qu'est-ce que le travail ?

Le travail a quatre fonctions : Gagner sa vie - l'intégration sociale - l'accomplissement de soi - la peur de l'ennui.

L'évolution du sens du travail se situe essentiellement dans le lien entre « gagner sa vie » et « l'accomplissement de soi ». Car si le travail est le moyen principal pour la plupart d'entre nous pour gagner de l'argent afin de d'acquérir indépendance, sécurité, biens de consommations, loisirs etc., ce travail a un coût dans le rapport que chacun entretien avec lui-même.

(Il ne faut cependant pas sous-estimer le principe d'intégration sociale, compte tenu de la stigmatisation ressentie par ceux qui exercent un travail qui a « mauvaise réputation » ou encore par ceux qui n'en ont pas.)

L'évolution récente la plus distincte se situe dans le lien entre travail et réalisation de soi. Le travail doit de plus en plus permettre de se sentir bien, de s'épanouir, d'être fier et pas seulement de gagner de l'argent.

Cette quête de plénitude pousse les travailleurs à aller au-delà des responsabilités de leur fiche de poste. Ils développent une plus grande disposition à sonder leur environnement, à tester de nouvelles solutions et à repousser leurs propres limites.

Ce sont donc des employés plus prompts à l'innovation, à l'identification de nouvelles opportunités et à l'acquisition de compétences complémentaires.

La question est désormais de savoir si c'est le rôle de l'employeur de tenir compte de cette recherche d'impact et de développement personnel ? Doit-il s'en inspirer pour changer son mode organisationnel (et notamment son management), mais aussi le positionnement et la stratégie de son entreprise ?

En pratique rien n'oblige les entreprises et/sociétés à se conformer à ces nouvelles aspirations de leurs employés. Pour les entreprises et leurs dirigeants, assurer les revenus stables et des conditions de travail décentes restent les deux enjeux essentiels.

Pour autant nul n'a intérêt à ne pas tenir compte de cette quête de sens compte tenu de l'imbrication entre les objectifs (notamment financiers) d'une entreprise et l'implication de ses employés.

Agir et adopter une attitude plus orientée vers « le centre humain » peut s'avérer une méthode de développement et même parfois de survie. Sur dix projets de transformation d'entreprises, sept échouent parce qu'elles n'ont pas suffisamment tenue compte de l'Humain. Ces « échecs » ont lieu parce que les équipes dédiées à ces changements se concentrent surtout sur la stratégie, les objectifs, les moyens financiers, techniques et organisationnels… mais pas humains.

Cette (nouvelle) réalité du terrain anime de plus en plus les dirigeants mais les mauvaises (ou anciennes) habitudes ont la vie dure. Il faudra encore du temps pour que l'évolution du sens du travail trouve (partout) des réponses concrètes et satisfaisantes tant pour les bénéfices des entreprises et de leurs dirigeants que pour les employés.

Pas d'angélisme non plus. Si la crise sanitaire a permis faire croître un désir de changement et d'amélioration concernant le sens du travail, elle a aussi largement développé le télétravail.

Une remarque émise par un ancien dirigeant politique nous donne un éclairage :

- « On voit qu'avec le télétravail, il est de plus en plus difficile de distinguer temps de travail et temps personnel. Les salariés deviennent presque disponibles 24 heures sur 24. Cela fait apparaître une forme d'aliénation par le travail qui va à l'encontre des discours naïfs qui consistent à dire que tout le monde s'épanouit par le travail. »

Et demain ?

La question du sens du travail et ses dernières évolutions donne le désir de se projeter dans un futur proche.

Sans chercher à faire de la politique fiction, il est intéressant d'anticiper pour prévenir. Que sera le monde du travail (ou du moins en partie) dans une dizaine d'années ?

Il est possible que le projet qui apportera la plus grande transformation dans le sens du travail sera le revenu universel.

« Le revenu universel ou revenu de base consiste à verser à tous les membres d'une communauté nationale un revenu mensuel. Son principe est d'être d'un montant égal pour tous, sans contrôle des ressources ou des besoins, sur une base individuelle, de façon inconditionnelle, sans exigence de contrepartie. ».

Le montant mensuel de ce revenu ne saurait être inférieur au seuil de pauvreté et donc, il se situerait aux alentours de 1000 euros par mois. (En 2020 le seuil de pauvreté en France est évalué à 940 euros ou 1128 euros selon que le calcul soit effectué sur 50% ou 60% du niveau de vie médian).

La mise en place d'un tel principe entraînera un bouleversement majeur tant dans le sens du travail que dans de larges pans de notre société. Les questions que ce progrès engendrerait couvrent un large spectre. C'est probablement un des défis décisifs dont les conséquences iront bien au-delà du sens du travail. Une grande part des relations humaines dans la sphère professionnelle, privée et sociale se transformeront. Il faut espérer (mais tout ne dépend que de nous) que ces transformations aillent dans le sens de la fluidité, de l'épanouissement et du bien-être des individus.

Par ailleurs, le remplacement de certaines tâches par des machines, par l'intelligence artificielle et la robotique, induit une nécessité de réfléchir sinon à la suppression partielle du travail, tout au moins à son évolution.

Et ceux qui s'ennuient ?

Je ne peux clôturer ce chapitre sans évoquer ceux qui travaillent par peur de l'ennui comme énoncé plus haut.

Pour beaucoup de personnes (et sans doute encore plus aujourd'hui où le rapport à l'attente, à l'inactivité est devenu extrêmement problématique), s'ils ne travaillaient pas, ils ne sauraient pas quoi faire de leur journée.

Blaise Pascal avait déjà mis en lumière dans ses *Pensées* que « tout le malheur des hommes vient d'une seule chose, qui est de ne savoir pas demeurer en repos dans une chambre ». Le travail nous sert de divertissement. Pascal poursuit : « Rien n'est si insupportable à l'homme que d'être sans passions, sans affaire, sans divertissement, sans application. Il sent alors son néant, son abandon, son insuffisance, sa dépendance, son impuissance, son vide ». À en croire le philosophe, dans ce cas spécifique et en tant que divertissement, le travail nous permet de ne pas penser à notre condition d'êtres humains, faibles et mortels. Mais rien ni personne ne nous oblige à adhérer à ce point de vue. Il y a des personnes qui continuent de travailler sans en avoir la nécessité et qui ont pleinement conscience de leur condition de mortel. Il est même possible de penser que ces individus poursuivent leurs activités professionnelles justement parce qu'ils ont cette conscience. Comme quoi, même Blaise Pascal peut avoir oublié de penser à tout, à tous.

XI - EUROPE 2^E PARTIE

En 2023, la France occupe une position centrale au sein de l'Europe, tant sur le plan politique et économique que culturel. En tant que membre fondateur de l'Union européenne et l'une des principales économies de la région, la France joue un rôle clé dans le développement et la gouvernance de l'Europe.

Acteur politique influent au sein de l'Union européenne, la France participe activement aux décisions et aux négociations sur les grandes questions politiques, économiques et sociales.

La relation franco-allemande reste un pilier essentiel de la construction européenne, avec une coopération étroite entre la France et l'Allemagne pour promouvoir l'intégration européenne.

Plan économique

L'influence de la France sur le plan économique est significative en raison de sa position en tant que l'une des plus grandes économies de la région et de son rôle central au sein de l'Union européenne.

La France possède la deuxième plus grande économie de la zone euro. Son PIB est l'un des plus élevés de l'UE, ce qui lui confère une place majeure dans les échanges commerciaux et les investissements.

Avec une population d'environ 67 millions de personnes, la consommation intérieure élevée contribue à stimuler les échanges commerciaux et les activités économiques.

Acteur clé dans des secteurs tels que l'aéronautique, l'automobile, la pharmacie, la chimie et la technologie, le pays dispose d'entreprises qui parviennent à jouer des rôles majeurs dans l'innovation et la compétitivité.

La France participe activement aux politiques économiques de l'UE, notamment dans la coordination des politiques budgétaires et la définition des règles commerciales communes.

Mais des problèmes demeurent ou s'aggravent dans le secteur économique

La France connaît une croissance économique relativement modérée par rapport à certains autres pays de l'UE. Des obstacles structurels, une réglementation excessive et une rigidité du marché du travail ont tendance à limiter la croissance économique.

La dette publique élevée par rapport aux critères de stabilité de l'UE soulève régulièrement des inquiétudes concernant la soutenabilité des finances publiques et la capacité de la France à respecter les règles budgétaires de l'UE.

Bien qu'en nette amélioration, le taux de chômage en France est supérieur à la moyenne de l'UE. Les rigidités du marché du travail et les coûts associés à l'embauche peuvent contribuer à faire perdurer ce problème.

Coûts de production élevés et lenteur des réformes structurelles affectent la capacité des entreprises françaises à rivaliser sur les marchés internationaux.

Un déficit commercial récurrent affecte la balance des paiements et la compétitivité globale de l'économie.

Enfin, il faut également noter que la France est parfois considérée comme ayant un retard par rapport à certains autres pays de l'UE en matière d'investissement dans la recherche et l'innovation technologique.

Ces carences semblent être autant de défis à relever pour renforcer la compétitivité et la dynamique économique de la France au sein de l'UE. Des réformes structurelles paraissent souhaitables et inévitables pour améliorer l'environnement des affaires, stimuler la croissance économique et favoriser l'emploi.

La diplomatie.

Notre pays est également un acteur majeur de la diplomatie européenne sur la scène internationale.

Les diplomates français participent activement aux négociations, aux sommets européens et aux réunions des institutions de l'UE pour défendre les positions et les priorités de la France.

La diplomatie française permet de protéger les intérêts nationaux de la France dans les discussions et les décisions européennes. Cela peut inclure la promotion des politiques économiques, commerciales, agricoles, sociales et environnementales qui sont cruciales pour le pays.

La France participe aux négociations sur les politiques commerciales, les politiques monétaires, les fonds structurels, etc., afin de promouvoir une économie européenne stable et prospère.

De plus, la diplomatie française participe aux discussions sur la sécurité intérieure, la lutte contre le terrorisme, les opérations de maintien de la paix, etc.

Il faut aussi prendre en compte le fait que la diplomatie française contribue à la promotion des valeurs européennes, telles que la démocratie, les droits de l'Homme, l'État de droit et la diversité culturelle. La France s'engage pour le respect de ces valeurs et leur application dans les politiques européennes.

Sécurité...

La France collabore étroitement avec les autres pays européens pour renforcer la sécurité en Europe. Le pays participe à des initiatives de coopération policière, de lutte contre le terrorisme, de contrôle des frontières et de défense commune.

La France est engagée dans la transition énergétique et dans la lutte contre le changement climatique en Europe. Elle promeut les énergies renouvelables, participe à des accords internationaux sur le climat et œuvre pour la durabilité environnementale au niveau européen.

... et culture

Il est important de se rappeler que la langue française et la culture française continuent de jouer un rôle important dans l'Europe en 2023. Le français est l'une des langues officielles de l'UE et est utilisé dans les institutions européennes. La culture française reste un élément clé de la diversité culturelle européenne.

Ce tour d'horizon des liens et imbrications entre la France et l'Europe démontre que nos dirigeants n'ont de cesse, au fil des décennies, de rendre interdépendantes les nations qui constituent cette communauté. De cela découle une question et la réponse à celle-ci aura, dans les années futures, des conséquences fondamentales tout autant pour le pays que pour ses citoyens.

Souhaitons-nous une Europe qui nous mène vers des États Unis d'Europe où les États d'aujourd'hui pourraient aller jusqu'à devenir des régions, au même titre que la France est constituée de territoires telles que la Bretagne, l'Alsace, la Corse, le Pays Basque, etc. ? Ou voulons-nous une Europe des nations où se tisseraient des liens, dépendances et partenariats garantissant prospérité et sécurité pour chacune des nations, tout en laissant à chacune d'entre elles une part d'autonomie nationale sanctuarisée ?

Le souhait du Président Macron de développer une Europe de la défense semble nous indiquer la voie actuelle sur laquelle nous progressons. Demain, dans cette perspective, faut-il s'attendre à l'Europe de l'école, des minima sociaux, à l'Europe de la culture etc. ? Pourquoi pas, si nous en sommes conscients et que nous adhérons massivement à cette option décisive. Mais est-ce clair pour tout le monde ?

XII - RÉFLEXION GÉNÉRALE ET PARTICULIÈRE

Les sujets dans le domaine politique ne manquent pas. Dans ce livre, je cherche à avoir un regard lucide sur différents aspects du monde qui est le mien, le nôtre. J'ai décidé de concentrer mes observations et remarques sur mon environnement proche, c'est-à-dire sur le pays dans lequel je suis né, dans lequel j'ai grandi et où j'ai pu m'investir dans une activité professionnelle et fonder une famille. Mais comme tout citoyen, j'observe le monde au-delà des frontières de mon pays, de ma culture, de mes influences et de mes habitudes.

J'ai depuis longtemps pris conscience que ce qui fait une nation avec son présent, son passé, son futur et son histoire, découle de l'histoire d'autres nations. Mais ces liens, ces fils entremêlés qui tissent la tapisserie de l'humanité sont eux aussi constitués de trois entités elles-mêmes indissociables les unes des autres : la volonté humaine, la nature et le temps.

Jusqu'au milieu du XXe siècle (ou peut-être déjà bien avant), ces trois entités, fluides, puissantes, semblaient couler dans le même sens. Et puis, un jour, (j'imagine cela comme un jour) dans un petit matin gris et froid, il fallut bien se rendre à l'évidence. La volonté humaine avait inversé le cours de la nature et celui du temps. Dès lors, les liens issus de cette alchimie n'avaient plus la même densité. Les fils étaient altérés et la tapisserie faite des histoires entremêlées se mettait à pourrir. Il devenait urgent d'inverser le cours des choses.

Les scientifiques appellent « anthropocène » cette nouvelle ère – dont les limites sont encore débattues – caractérisée par la prééminence de l'activité humaine comme principal facteur de changement géologique, surpassant les fluctuations naturelles.

« Chaque génération, sans doute, se croit vouée à refaire le monde. La mienne sait pourtant qu'elle ne le refera pas. Mais sa tâche est peut-être plus grande. Elle consiste à empêcher que le monde se défasse. »

Albert CAMUS, *Discours de Suède*.

« Sauver ce qui peut encore être sauvé pour rendre l'avenir seulement possible, voilà le grand mobile, la passion et le sacrifice demandés. »

Albert CAMUS, *Actuelles, Écrits politiques*.

Le réel n'a pas état d'âme. Il est et ne connaît ni morale ni sentiments. Au rythme où vont les choses, l'humanité se sera condamnée elle-même. La nature aura tôt fait de rendre notre terre impropre à notre survie. De l'humanité, il ne restera que de rares survivants et les traces de notre passage s'effaceront au fil du temps.

Mais avant ça.

Faut-il attendre les conséquences de notre destruction programmée ? Faut-il se satisfaire d'une condamnation que nous allons nous infliger ? Et ce n'est pas parce que l'exécution de la sentence est et sera entre les mains (si j'ose dire) d'une terre qui s'adaptera à sa nouvelle identité que nous ne sommes pas moins responsables. Quand le corps défend son existence en sécrétant des anticorps, il ne fait que réagir de façon cohérente. Je n'imagine pas que puisse couler une larme quand l'organe menacé se défend et vient à bout du virus destructeur.

La terre nous verra disparaître et vivra sans nous avec la même désinvolture et la même puissance qu'elle a vécu durant des millénaires sans l'arrogance de l'espèce humaine. Si elle pouvait parler, notre bonne terre nous dirait comment elle a vu disparaître bien des espèces animales ou végétales sans que cela ne l'affecte. Et pour cause. La terre n'a pas d'état d'âme. Elle s'adapte.

La question qui se pose est donc exclusivement humaine. Quand allons-nous réagir et agir, non pas pour construire notre existence mais bien pour la préserver ?
Faut-il que s'enchaînent catastrophes et cataclysmes pour espérer un sursaut ?
Combien de morts et lesquels pour qu'entrent en vigueur les radicales transformations synonymes de futur de l'humanité ?
Et faut-il identifier les coupables ?

À cette dernière interrogation je propose deux voies de réflexions.

- Les autorités et acteurs politiques, sociaux, scientifiques, culturels etc., interviennent autant qu'ils le peuvent pour alerter les populations et responsabiliser chaque individu afin de modifier les comportements en matière écologique. Aucun secteur n'est épargné et les appels à réactions s'intensifient. Tout habitant de la terre se voit prié de tenir compte d'une nouvelle réalité à laquelle il est urgent de s'adapter.

- Certains (et le nombre grandit tous les jours) prennent conscience et agissent à leurs niveaux. D'autres ne changent rien car ils ne se sentent pas encore concerné par ces appels. D'autres encore ne peuvent agir car ils ne disposent pas des moyens d'agir. Il leur faut avant tout parvenir à survivre dans un contexte extrêmement difficile, selon la formule désormais célèbre : « Comment se préoccuper de la fin du monde quand on ne sait comment finir la fin du mois ? » À cela on peut ajouter que, pour beaucoup d'êtres humains sur terre, la fin du mois est déjà une perspective enviable. Pour ceux-ci, atteindre la fin du jour est déjà source d'inquiétudes et de luttes.

-

- Si cette attitude mettant chaque individu dans le devoir d'agir s'accompagne (mécaniquement) d'un sentiment d'obligation, elle induit aussi (j'espère de façon involontaire) un sentiment de responsabilité. Ainsi, chaque citoyen (passé et présent) se retrouve « complice » de la situation actuelle et cette « culpabilité » devient croissante si ce même citoyen de la terre, dès lors qu'il en a la possibilité, n'agit pas dans son quotidien dans cette lutte indispensable.

- Cet état des choses sous-entend que nous sommes tous responsables tant par nos comportements antérieurs que présents.

- Il me vient alors à l'esprit la remarque (pleine de bon sens) d'Hannah Arendt : « Si tout le monde est coupable, il n'y a plus de coupables ; les aveux de responsabilité collective constituent la meilleure des sauvegardes contre la découverte des responsables et l'ampleur même du crime. »

Comme l'exprimait Albert Camus, « il est toujours aisé d'être logique et presque impossible d'être logique jusqu'au bout ».
Car quelle serait la logique poussée jusqu'au bout qui découlerait de la première observation relative à la notion de responsabilité ?

- Faut-il une juridiction internationale (type cour internationale de justice de la Haye, organe principal des Nations Unies) et faut-il durcir et élargir le crime environnemental ? « Le crime environnemental (ou crime contre l'environnement ou crime écologique) est une notion juridique récente qui, même si elle ne possède pas de définition faisant l'unanimité, est reconnue par la majorité des pays. ». Aujourd'hui, ce crime ne peut être constaté que si sont enfreintes des lois en vigueur sur l'environnement. Cela paraît normal. Et pourtant il faut avoir conscience des limites du droit en la matière : « Elles sont celles de la responsabilité sans faute, et parfois de la difficulté d'établir la réalité ou la mesure du problème et/ou la preuve d'une culpabilité (par exemple la pollution diffuse ou du caractère invisible de certains polluants, ou d'effets discrets, synergiques ou différés de nombreux polluants). »
- « Il n'y a en outre pas encore de consensus sur les « *seuils* » à prendre en compte pour certains polluants.
- Un problème particulier est également posé par les grandes catastrophes environnementales résultant de la synergie entre plusieurs causes naturelles et/ou

anthropiques (ex : catastrophe de Fukushima associant en 2011 les dégâts d'un séisme, d'un tsunami et d'un accident nucléaire grave). Les coûts matériels, humains et sociaux peuvent être si élevés qu'ils dépassent les capacités des assurances et réassurances ou des industries et gouvernements en cause.

- Il n'existe d'autre part aucun moyen technique vraiment sérieux pour dépolluer, même si certaines initiatives sont à l'étude. On pourrait prendre à ce sujet l'exemple des microplastiques présents dans toutes les mers du globe.
-
- Un autre problème est que les nombreux traités et conventions internationales destinés à la protection de l'environnement sont des instruments prévus pour les États et non pour les sociétés multinationales, acteurs non étatiques souvent peu transparents et parfois plus riches que les États pauvres.
- Enfin, certaines pertes semblent non-compensables (ex : une espèce disparue, un milieu ou un écosystème ou un service écosystémique jugé précieux et unique et définitivement détruit) ».
- Et que deviennent les coupables d'avant les textes de loi ? Et pourquoi ne sommes-nous pas encore capables de mettre sur le banc des accusés les multinationales ? Qu'en est-il du personnel politique qui a laissé faire ? Condamner un État, n'est-ce pas condamner des citoyens ?

Par ailleurs, une fois posée la question de la surpopulation, la société de consommation n'est-elle pas à remettre en question dans son ensemble ?

Je tiens à rappeler aux lecteurs que ces observations n'ont pour objectif que de mener à des pistes de réflexions. Il ne s'agit pas pour moi de mettre en avant telle ou telle solution. Mais il me paraît urgent pour l'avenir de notre bien commun actuel et futur et au même titre que nous agissons (pour le plus grand nombre) par des gestes simples et de nouvelles habitudes à la préservation de notre environnement au sens le plus large, qu'il nous faut aussi peser sur des décisions et des actions plus vastes, plus rigoureuse et plus justes.

XIII - LE COMMUNAUTARISME

Le communautarisme en France est un phénomène grandissant dont les causes et les effets méritent une attention particulière.

Il est important de noter que le communautarisme n'est pas un phénomène homogène et peut avoir des manifestations différentes selon les contextes locaux. Une approche équilibrée, favorisant l'intégration, le dialogue intercommunautaire et la valorisation du vivre-ensemble, peut contribuer à atténuer les effets négatifs du communautarisme et à promouvoir une société inclusive et harmonieuse.

Les causes :

1 - Diversité culturelle

La diversité culturelle est un trait distinctif de la société française. Elle est le résultat d'une histoire riche constituée de l'immigration, de la colonisation et de l'influence mondiale de la France.

La France a été et continue d'être un pays d'accueil pour de nombreux immigrants venant de différentes parties du monde. Des vagues migratoires successives contribuent à la diversité culturelle du pays, notamment avec l'arrivée de travailleurs immigrés après la Seconde Guerre mondiale, des migrants économiques et des demandeurs d'asile.

L'héritage colonial français, principalement en Afrique et en Asie façonne la diversité. Les liens historiques et culturels entre la France et ses anciennes colonies ont amené de nombreux citoyens français d'origine africaine, antillaise, asiatique et d'autres régions du monde à contribuer à la richesse culturelle du pays.

En France, notre diversité culturelle est notamment liée à la pluralité religieuse. Si la majorité des 18-59 ans en France se déclare « sans religion » (Insee 2019-2020), le christianisme reste la religion majoritaire, l'Islam est la deuxième religion la plus pratiquée avec une importante communauté musulmane. Et il faut cependant ne pas omettre de citer les communautés juives, bouddhistes, hindoues, sikhes, ainsi que d'autres croyances et spiritualités présentes sur le territoire qui occupent des places importantes dans la société.

Mais cette diversité culturelle se manifeste également à travers les langues régionales et les traditions spécifiques à certaines régions. Des langues telles que le breton, le corse, le basque, l'alsacien, l'occitan et d'autres sont parlées et préservées. Ces langues sont le reflet d'une diversité linguistique et culturelle unique.

Dans les composantes de la diversité culturelle française, il est fondamental d'être attentif à d'autres types d'expression tels que : la musique, la littérature, le cinéma, la mode et la gastronomie. Réputée pour sa scène artistique dynamique et diversifiée, la France vit sous des influences culturelles multiples qui se mélangent et s'enrichissent mutuellement.

La diversité culturelle en France est source de fierté, mais elle peut également présenter des défis, tels que la nécessité de favoriser l'intégration, de lutter contre les discriminations et de promouvoir le dialogue interculturel. La reconnaissance et le respect de cette diversité paraissent essentiels.

2 - Discrimination et exclusion sociale

Il faut être lucide et reconnaître que les discriminations et l'exclusion sociale peuvent contribuer à la formation de communautés qui se rassemblent pour faire face à ces défis communs et trouver un sentiment d'appartenance.

Les discriminations raciales et ethniques persistent en France. Elles touchent principalement les personnes issues de l'immigration, notamment les populations maghrébines et africaines. Ces discriminations peuvent se manifester dans différents domaines de la vie tels que l'emploi, le logement, l'éducation, l'accès aux services publics et les interactions sociales.

Il serait injuste de nier que des personnes appartenant à des minorités religieuses, en particulier les musulmans, font souvent face à des discriminations fondées sur leur appartenance religieuse. Cela peut se traduire par des préjugés, des stéréotypes, des restrictions vestimentaires, des discriminations à l'emploi et des attaques verbales ou physiques.

Malgré les progrès réalisés en matière d'égalité entre les genres, la discrimination de genre persiste. Les femmes continuent de faire face à des inégalités salariales, des obstacles dans leur progression de carrière, des stéréotypes de genre et des violences sexistes.

Toutes ces formes de discrimination et d'exclusion entravent l'égalité des chances, la cohésion sociale et le plein épanouissement des individus. Les gouvernements, les institutions et la société civile ne cessent de travailler à la promotion de l'égalité et à la lutte contre ces injustices en mettant en place des politiques antidiscriminatoires, en renforçant la législation et en sensibilisant le public. Cependant, il reste encore beaucoup à faire pour surmonter ces défis.

3 - Exclusion sociale et pauvreté

En France, en 2023, l'exclusion sociale et la pauvreté restent des problèmes préoccupants qui affectent de nombreux individus et groupes de la population.

Malgré les mesures prises pour lutter contre la pauvreté, le taux de pauvreté demeure élevé. Selon les statistiques récentes, près de 14% de la population française vit en dessous du seuil de pauvreté.

Les inégalités socio-économiques persistent avec une concentration des richesses et des opportunités dans les mains d'une minorité. Les écarts de revenus et de patrimoine se sont creusés, ce qui entraîne une exclusion sociale accrue pour les personnes en situation de précarité.

Le chômage de longue durée constitue une forme d'exclusion préoccupante. De nombreuses personnes ont du mal à trouver un emploi stable et durable. Ce phénomène peut générer une spirale de précarité et d'exclusion.

L'accès au logement reste difficile pour de nombreux individus et familles. Les loyers élevés, la pénurie de logements abordables et la discrimination dans l'accès au logement sont des facteurs qui contribuent à la précarité résidentielle.

La pauvreté infantile est une réalité préoccupante. De nombreux enfants vivent dans des conditions très difficiles avec des conséquences graves sur leur développement, leur éducation et leurs perspectives.

Les personnes marginalisées, telles que les personnes sans domicile fixe, les migrants, les personnes en situation de handicap et les personnes issues de minorités ethniques sont souvent confrontées à une exclusion plus prononcée.

Face à ces défis, le gouvernement français et les organisations de la société civile mettent en place des politiques et des programmes visant à lutter contre la pauvreté et l'exclusion sociale. Cela comprend des initiatives de soutien aux personnes vulnérables, des mesures pour favoriser l'emploi et la formation, ainsi que des politiques de logement abordable. Cependant, une attention continue et des efforts concertés sont nécessaires pour réduire l'exclusion sociale et la pauvreté, en favorisant l'inclusion économique et sociale pour tous les citoyens.

Les problèmes d'exclusion sociale et de pauvreté touchent diverses populations de manière disproportionnée. Les personnes les plus atteintes sont les chômeurs de longue durée, les personnes sans abri, les jeunes issus de milieux défavorisés et les familles monoparentales.

4 - Fragmentation sociale

La fragmentation sociale se manifeste par une division ou une séparation entre différents groupes sociaux. Cela crée des clivages et des disparités.

Les inégalités économiques persistent et augmentent avec une répartition inégale des richesses et des opportunités. Certaines catégories de la population, notamment les classes défavorisées, font face à des difficultés d'accès à l'emploi, à l'éducation, au logement et aux services de base.

Il est également indispensable de prendre en compte la ségrégation territoriale avec des quartiers défavorisés, des zones urbaines sensibles où la concentration de la pauvreté et des difficultés sociales est plus importante.

Si la diversité culturelle est une chance, elle peut aussi dériver et donner lieu à des clivages et des tensions identitaires. Les différences culturelles, religieuses et ethniques peuvent parfois être sources de divisions, générant des perceptions négatives, des préjugés et des stéréotypes entre différents groupes.

La polarisation politique peut également entraîner des clivages idéologiques et les confrontations politiques peuvent accentuer les divisions et rendre difficile le dialogue et la recherche de solutions communes.

5. Revendications identitaires

Les revendications identitaires constituent un aspect significatif de la dynamique sociale et politique. Elles peuvent être fondées sur des éléments tels que l'origine ethnique, la religion, la culture, la langue, l'orientation sexuelle ou l'identité de genre.

Certaines communautés et groupes revendiquent la préservation et la promotion de leur patrimoine culturel, de leurs traditions, de leur langue régionale ou de leur histoire. Cela inclut des demandes de reconnaissance officielle et de subventions pour des événements culturels ou des mesures de protection et de valorisation de patrimoines spécifiques.

Les revendications religieuses portent souvent sur des demandes liées à la pratique de la religion, telles que la construction de lieux de culte, la liberté de porter des signes religieux dans l'espace public ou des aménagements pour les pratiques religieuses. Ces revendications sont régulièrement source de débats et de tensions, notamment en ce qui concerne la laïcité. Mais la neutralité de l'État en matière de religion et la liberté d'expression des convictions ont pour corollaire l'égalité des citoyens devant la loi, chacun étant tenu pour responsable de ses actes dans le respect de l'ordre public ; certaines concessions récentes à des communautés particulières semblent néanmoins avoir ouvert une brèche.

Les revendications des personnes LGBTQ+ concernent l'égalité des droits, la lutte contre les discriminations, la reconnaissance légale des couples de même sexe, l'accès à la santé et à l'éducation sexuelle, ainsi que la visibilité et l'inclusion dans la société. Ces revendications sont souvent défendues dans le cadre de la lutte pour les droits LGBTQ+.

Les mouvements antiracistes expriment des revendications pour combattre le racisme, promouvoir l'égalité des chances et lutter contre les discriminations raciales. Ils mettent l'accent sur des questions telles que le profilage racial, les violences policières, l'accès équitable à l'emploi et au logement, ainsi que la représentation des minorités ethniques dans les institutions.

Ces revendications identitaires reflètent la diversité de la société et les aspirations des différents groupes qui la composent. Elles peuvent susciter des débats, des tensions et des négociations entre les acteurs politiques, les institutions et la société civile. La manière dont ces revendications sont abordées et prises en compte peut avoir un impact significatif sur la cohésion sociale.

Il faut reconnaître que les revendications identitaires peuvent être un facteur de renforcement du communautarisme.

Les effets :

Le communautarisme renforce la fragmentation sociale et favorise la formation de groupes isolés les uns des autres.

Lorsque les communautés se replient sur elles-mêmes, il y a bien évidemment risques de tensions et de conflits avec d'autres communautés. Et cela notamment lorsque des revendications identitaires entrent en conflit les unes avec les autres.

Le communautarisme menace le principe du vivre-ensemble et le désir et la capacité des individus de coexister et de partager des valeurs communes au-delà des différences.

Quand les identités communautaires deviennent prédominantes, il y a aussi risque de dilution de l'identité nationale et affaiblissement du sentiment d'appartenance à la communauté nationale.

De plus, le communautarisme peut nuire à la solidarité sociale en favorisant les intérêts de groupe au détriment de l'intérêt général. Cet état de fait entrave la coopération et le dialogue entre les différentes communautés.

Il est important de noter que le communautarisme n'est pas un phénomène homogène et peut avoir des manifestations différentes selon les contextes locaux. Une approche équilibrée, ayant toujours à l'esprit l'intégration, le dialogue intercommunautaire et la valorisation du vivre-ensemble, peut contribuer à atténuer ses effets négatifs.

Il est important de noter que le communautarisme n'est pas un phénomène homogène et peut avoir des caractéristiques différentes selon les contextes locaux. Une approche équilibrée, ayant toujours à l'esprit l'importance le dialogue intercommunautaire et la valorisation du vivre-ensemble, peut contribuer à atténuer ses effets négatifs.

XIV - LA TECHNOCRATIE
Le verre à moitié plein, le verre à moitié vide.

La technocratie fait référence à un système où les décisions politiques et administratives sont influencées ou prises par des experts techniques, souvent issus de l'administration publique ou de secteurs techniques tels que l'économie, la science et l'ingénierie. Ce concept est particulièrement associé à la tradition administrative française où les élites formées dans des écoles prestigieuses telles que l'École Nationale d'Administration (ENA) occupent souvent des postes clés dans l'administration gouvernementale.

Dans son édito du 20 décembre 2018, Yaël Goosz met en lumière une contradiction au sein du groupe parlementaire « En marche », quand ses membres accusent la technocratie d'être responsable de la situation (de l'époque). Le journaliste fait remarquer (à juste titre) que cette critique est pour le moins paradoxale puisqu'elle souligne la faiblesse du président et leur propre indigence.

La question sous-jacente et récurrente est : la politique recule-t-elle quand la technocratie avance ?

Dans les lignes qui vont suivre, mon propos n'est pas de faire le procès ou l'éloge de ce système. Il s'agit pour moi de mettre en lumière les avantages et les risques qui résultent de ce dispositif. Chacun saura se faire son opinion ou apporter nuances ou renforcement de certitudes à l'issue de cette présentation.

Le verre à moitié plein

Des élites formées : les technocrates français, en tant qu'experts hautement formés, jouent un rôle important dans la formulation et la mise en œuvre des politiques publiques. Ils sont choisis en fonction de leur expertise technique plutôt que de leur expérience politique.

Grande écoles et formation : les grandes écoles françaises, telles que l'ENA, Polytechnique et d'autres, jouent un rôle central dans la formation de ces technocrates. Les diplômés de ces écoles ont tendance à occuper des postes de haut niveau dans l'administration, les entreprises publiques et privées, ainsi que dans des organismes internationaux.

Influence sur les politiques publiques : les technocrates apportent une expertise technique et analytique constructive et éclairent les décisions politiques.

Changements politiques et sociaux : les fluctuations politiques et les changements de gouvernement peuvent également avoir une incidence sur le degré d'influence des technocrates. Certains gouvernements peuvent être plus enclins à s'appuyer sur les experts techniques, tandis que d'autres peuvent privilégier des approches plus politiques.

Expertise technique : les technocrates sont des experts dans leur domaine. Leurs compétences permettent de prendre des décisions éclairées fondées sur des données et des analyses approfondies. Cela débouche sur des politiques mieux informées et plus efficaces.

Des décisions fondées sur des preuves : la technocratie favorise une approche fondée sur des preuves et des données. Cela permet de réduire les décisions prises sur la base de considérations purement politiques ou émotionnelles. Cela mène à des politiques rationnelles et mieux informées.

Efficacité et gestion efficace des ressources : formés pour optimiser l'utilisation des ressources, les technocrates font preuve d'une grande efficacité pour gérer les programmes et les projets. Cela débouche sur meilleure gestion des finances publiques et une utilisation plus efficiente des ressources.

Stabilité et continuité : la présence de technocrates dans l'administration apporte stabilité et continuité aux politiques publiques et cela indépendamment des changements de gouvernement. Sont ainsi évitées les fluctuations excessives. De plus, cela permet de maintenir les initiatives à long terme.

Capacité à traiter des problèmes complexes : les enjeux contemporains sont de plus en plus complexes, nécessitant une compréhension approfondie de divers domaines. Les technocrates sont bien positionnés pour aborder ces problèmes multidisciplinaires et pour élaborer des solutions adaptées.

Réduction des influences politiques à court terme : la technocratie peut limiter l'influence de la politique à court terme sur les décisions publiques, ce qui peut contribuer à des politiques plus cohérentes et à long terme.

Collaboration avec des experts internationaux : les technocrates français collaborent avec des experts d'autres pays et organisations internationales, ce qui favorise les échanges de connaissances et les meilleures pratiques à l'échelle mondiale.

Compétence dans les négociations internationales : les technocrates sont souvent impliqués dans les négociations internationales, notamment dans les domaines économiques et commerciaux. Leur expertise technique peut renforcer la position de la France dans ces négociations.

Réduction de la corruption potentielle : en se concentrant sur des décisions fondées sur des critères techniques et des données objectives, la technocratie peut contribuer à réduire les risques de corruption liés à des décisions politiques subjectives.

La technocratie donne cependant lieu à de nombreuses critiques.

Le verre à moitié vide.

Controverses et critiques : en France, ce système est régulièrement critiqué pour son manque de représentation démocratique et pour l'accent mis sur les compétences techniques au détriment de la diversité des perspectives. Cela est perçu comme une source de déconnexion entre les gouvernants et les gouvernés.

Déconnexion avec la réalité sociale : les technocrates sont souvent issus d'une élite éduquée et formée dans des grandes écoles, ce qui peut les éloigner des préoccupations et des réalités quotidiennes de la société. Cette déconnexion peut induire des politiques et des décisions qui ne tiennent pas suffisamment compte des besoins réels des citoyens.

Manque de légitimité démocratique : comme les technocrates ne sont pas élus démocratiquement, cela soulève des questions sur leur légitimité à prendre des décisions importantes pour la population. Les choix politiques fondés sur des critères purement techniques sont régulièrement considérés comme éloignés des choix et des valeurs de la plus grande partie de la population.

Absence de diversité des perspectives : les technocrates tendent à être issus de milieux similaires en termes d'éducation et d'expérience professionnelle, ce qui entraîne un manque de diversité de perspectives dans les décisions prises.

Priorité à l'économie sur le social : en mettant l'accent sur les aspects techniques et économiques des politiques, la technocratie peut privilégier la croissance économique et l'efficacité au détriment de la justice sociale et de la protection des droits sociaux.

Manque de responsabilité et de transparence : en tant que non élus, les technocrates ne sont pas moins responsables devant le public pour assumer les conséquences de leurs décisions. Ce manque de responsabilité crée une opacité dans le processus décisionnel.

Rigidité et résistance au changement : en se fondant sur des approches techniques et sur des modèles établis, la technocratie s'avère avoir du mal à s'adapter rapidement aux évolutions sociales, économiques ou technologiques. Cela provoque une résistance au changement et une incapacité à anticiper les nouveaux défis.

Incompatibilité avec la démocratie participative : la technocratie s'oppose parfois à la démocratie participative où les citoyens sont impliqués directement dans le processus décisionnel. Les technocrates considèrent généralement que les décisions fondées sur l'expertise sont supérieures à celles prises par la participation populaire.

Renforcement des inégalités : en se concentrant sur des politiques économiques et techniques, la technocratie peut négliger les aspects sociaux et les problèmes d'inégalité. Cela peut contribuer à creuser davantage les écarts entre les différentes catégories de la population.

Les dérives du lobbying au service des intérêts privés mériteraient par ailleurs un développement particulier.

Pour compléter ce panorama il semble opportun d'avoir un aperçu de la façon dont la technocratie fonctionne dans les principales démocraties.

Un petit coup d'œil sur ce qui se pratique ailleurs

Aux États-Unis

Les États-Unis ont traditionnellement une approche mixte en matière de gouvernance, combinant des éléments démocratiques et technocratiques. Les experts jouent souvent un rôle clé dans les agences gouvernementales, où ils fournissent des informations techniques pour éclairer les politiques. Cependant, les élus politiques prennent les décisions finales et sont responsables devant les électeurs.

En Allemagne

L'Allemagne est souvent citée comme un exemple de démocratie technocratique en raison de sa forte tradition d'efficacité administrative. Le pays accorde une grande importance à l'expertise technique, et les décisions sont souvent prises en collaboration entre les élus et les fonctionnaires experts. Les commissions indépendantes, les conseils d'experts et les organismes de régulation jouent un rôle significatif dans la formulation des politiques.

Au Japon

Le Japon est souvent considéré comme ayant une tradition de gouvernance technocratique en raison de l'influence de la bureaucratie sur le processus de prise de décision. Les ministères et les agences gouvernementales ont historiquement exercé une influence significative sur la politique. Cependant, comme en France, des critiques ont été émises quant à la perte de responsabilité démocratique due à cette concentration de pouvoir entre les mains des experts.

Au Royaume-Uni

Le Royaume-Uni a une tradition de gouvernance parlementaire où les élus politiques prennent généralement les décisions finales. Cependant, des éléments de technocratie sont également présents, notamment dans les domaines de la régulation et de l'expertise sectorielle.

La balance entre technocratie et démocratie varie considérablement d'un pays à l'autre et au fil du temps. Dans la plupart des démocraties, les systèmes de gouvernance combinent des éléments de participation démocratique et d'expertises techniques.

Il est donc incontestable que les technocrates apportent compétences, éclairages et continuité dans la vie démocratique. Au service du politique, la technocratie est une réelle valeur ajoutée.

Le risque apparaît quand ce système devient dominant et occupe une place qui n'est pas la sienne. Comment s'en prévenir ? Comment faire pour que la décision politique soit et demeure sous l'autorité décisionnaire exclusive de l'élu ?

À ces questions il n'y a pas de réponses toutes faites. Ajouter un outil de contrôle me parait être une mauvaise solution car ce serait ajouter une couche de plus à une mille-feuille déjà copieusement garni. Le parcours, le passé, l'état d'esprit de celui qui se présente aux élections doit nous permettre d'anticiper quelle sera son attitude face à la puissance technocratique. Sans doute le citoyen doit-il (aussi dans ce domaine) ne pas se contenter de promesses électorales soigneusement emballées. Il lui faut ne pas être amnésique devant ceux qui tentent de convaincre par un système de communication de plus en plus élaboré. Il ne s'agit pas de faire un procès d'intention aux candidats mais (une fois encore) de garder les yeux ouverts et l'esprit lucide.

XV - LA SANTÉ

Le système de santé occupe une place prépondérante dans les préoccupations des Français.

Sur ce sujet, il faut porter un regard attentif car se mêlent des enjeux politiques, des enjeux humains particulièrement sensibles et des questions d'éthique.

La santé est un bien précieux, un droit fondamental qui doit être accessible à tous. La véritable grandeur d'une société se mesure à sa capacité à prendre soin des plus vulnérables.

Pourtant, la réalité est loin d'être idéale. Le système de santé français est confronté à de nombreux défis. Les déserts médicaux, où l'accès aux soins est limité, persistent dans plusieurs régions. Les files d'attente s'allongent, les délais de rendez-vous s'étirent mettant en péril la prise en charge des patients. Les professionnels de santé sont confrontés à des conditions de travail difficiles, à une charge de travail intense et à une pression croissante.

Déserts médicaux

De nombreuses régions rurales et certaines zones urbaines défavorisées sont confrontées à une pénurie de médecins. Ces derniers semblent préférer exercer dans des zones plus attractives ou bénéficier d'une meilleure qualité de vie. Si l'on considère que chacun a le droit d'exercer son travail (et dès lors qu'il en a la possibilité) là où il le désire, comment blâmer ces hommes et ces femmes de choix qui déséquilibrent l'égalité médicale entre territoires ? Est-ce aux professionnels de santé de pallier des défaillances plus collectives ?

Il faut ajouter à cette première réalité qu'une partie importante des médecins en France est proche de la retraite et que le nombre de jeunes médecins prêts à s'installer dans des zones sous-dotées est souvent insuffisant. La cause en est le maintien d'un *numerus clausus* (supprimé en première année mais maintenu en deuxième année de médecine), qui ne permet pas de former suffisamment de médecins pour la population croissante, obligeant à avoir recours à des médecins étrangers, au détriment de leurs propres pays. A cela s'ajoute le fait que les spécialités lucratives sont souvent préférées à la médecine générale et aux secteurs en tension.

De plus, dans les déserts médicaux, les médecins peuvent être confrontés à des conditions d'exercice plus complexes, notamment un éloignement des établissements de santé, un accès limité à certaines infrastructures médicales et des horaires de travail plus chargés pour répondre aux besoins de la population.

Cette réalité de terrain provoque des difficultés d'accès aux soins, de longs délais d'attente pour obtenir un rendez-vous médical et, pour certaines personnes, de longues distances pour consulter un médecin.

Des mesures

Pour faire face, des mesures ont été mises en place par les autorités publiques et les organismes de santé. Elles comprennent des incitations financières pour attirer les médecins dans les zones sous-dotées, le développement de la télémédecine pour faciliter l'accès aux consultations à distance, la création de maisons de santé pluridisciplinaires, ainsi que des politiques visant à améliorer les conditions de travail des professionnels de santé en zones défavorisées.

Et pourtant, malgré ces efforts, la problématique demeure.

Des pistes de réflexions

Ne faudrait-il pas augmenter dans ces zones particulières les budgets liés à la prévention, à la formation et aux infrastructures de santé ? Les dépistages précoces sont autant de mesures nécessaires pour alléger la pression sur le système de santé.

Du point de vue purement politique (qui nous incite à ne jamais perdre de vue l'intérêt général), les questions de santé doivent être guidées par des valeurs éthiques et des principes de solidarité. Il est crucial de veiller à ce que l'accès aux soins ne dépende pas de la capacité financière des individus, mais soit fondé sur des critères de besoin et de justice sociale.

Dans cette optique, il est nécessaire de repenser le financement du système de santé afin d'éviter une mise en danger générale.

La solidarité nationale doit être renforcée pour garantir une couverture universelle et une prise en charge équitable pour tous les citoyens. Des réformes ambitieuses sont indispensables pour rendre le système de santé plus résilient, plus efficient et plus juste.

Principaux éléments de financement du système de santé en France en 2023 :

- La Sécurité sociale est la principale source de financement du système. Elle est financée par les cotisations sociales prélevées sur les revenus des travailleurs, employeurs et indépendants. Les cotisations sociales sont collectées par l'Agence centrale des organismes de Sécurité sociale (ACOSS) et sont destinées à financer les prestations de santé, les remboursements de soins et les indemnités maladie.

- Le système de santé est également financé par des taxes et impôts spécifiques. Par exemple, la Contribution Sociale Généralisée (CSG) est un impôt prélevé sur l'ensemble des revenus, qui participe au financement de la Sécurité sociale, y compris les dépenses de santé. D'autres taxes spécifiques sur le tabac, l'alcool et certaines activités économiques contribuent également au financement.

- Les complémentaires santé privées, également appelées mutuelles, jouent un rôle important dans le financement du système de santé. Les Français ont la possibilité de souscrire une assurance complémentaire pour couvrir les frais de santé non pris en charge par l'Assurance maladie obligatoire. Les cotisations des complémentaires santé sont payées directement par les individus ou en partie par les employeurs, selon le contrat d'assurance.

- Le système de santé prévoit également une participation financière des patients lors des consultations et des soins. Les patients doivent payer une partie des frais médicaux, appelée "ticket modérateur", qui peut être remboursée en partie par l'Assurance maladie obligatoire et/ou par leur complémentaire santé.

Ne pas se voiler la face

Dans un article paru dans *Les Echos* en mai 2020, Frédéric Bizard (professeur d'économie, ESCP - président de l'Institut

Santé) nous met face à une réalité qu'il serait dangereux d'ignorer :

« En juin 2000, la France et l'Italie se partageaient les deux premières places mondiales du classement de l'Organisation mondiale de la Santé (OMS) sur la performance des systèmes de santé dans le monde. Vingt ans plus tard, ces deux pays font partie de ceux qui vont payer le plus lourd tribut humain et économique de la pandémie de COVID 19 ».

Que s'est-il passé et pourquoi ?

Frédéric Bizard poursuit sa démonstration avec objectivité et sans aucune position partisane. Deux raisons qui me font vous livrer ses analyses.

« La France n'a ni stratégie ni réelle politique en santé, c'est-à-dire une réflexion politique et sociétale sur l'organisation des activités visant à promouvoir, réparer et entretenir la santé des Français. Le décideur politique n'intègre toujours pas en France les dimensions sociale, culturelle, diplomatique, économique et philosophique de la santé, au profit d'une approche curative et scientifique glorifiée. »

« La France dispose d'un système de soins, mais pas d'un système de santé. Une des différences entre les deux est le pilotage du système à partir de l'offre de soins pour le premier et à partir de la demande de santé pour le second. »

« La gestion budgétaire de la santé a généré une approche purement comptable des ressources sanitaires. »

« On gère au rabot les ressources courantes du soin plutôt que de rechercher des gains de productivité, notamment en priorisant la montée en compétences et en rémunération des personnes, et l'innovation. La gestion comptable des dix derniers budgets de santé (Ondam) a paupérisé tout notre dispositif de santé public et privé, pas seulement l'hôpital. »

« Tout ceci conduit à percevoir en France la santé avant tout comme un coût (des soins) et non comme un investissement d'une grande rentabilité sociale et économique. Un euro investi en prévention rapporte à terme entre 5 et 10 euros pour l'économie. Nos millions d'euros économisés sur les stocks stratégiques sanitaires vont coûter des centaines de milliards d'euros au pays. La santé représente le secteur le plus stratégique du XXIe siècle sur le plan économique et géopolitique. La santé est l'opportunité pour la France et l'Europe de rééquilibrer le rapport de force avec les États-Unis et la Chine. Soit nous saisissons cette opportunité, soit nous déclinerons durablement ! »

Selon la célèbre formule… ça a le mérite d'être clair.

Dire ce qu'il faut faire sur un sujet aussi complexe et nécessitant une masse de compétences spécifiques serait présomptueux de ma part. Mais force est de constater qu'il est urgent d'agir, notamment en formant plus de professionnels de santé, ce qui permettrait de rouvrir des lits et services hospitaliers fermés faute de personnel.

Ce qui semble apparaître toutefois clairement est que la transformation du système de santé ne peut se faire sans une concertation étroite entre les acteurs concernés : professionnels de santé, patients, administrations et décideurs politiques. Une approche participative, fondée sur le dialogue et l'écoute mutuelle devrait permettre de construire un système de santé adapté aux besoins de la population et ancré dans la réalité du terrain.

En investissant dans l'égalité d'accès, la prévention, la coordination des soins et en favorisant le dialogue, nous pourrons bâtir ou rebâtir un système de santé résilient, adapté aux défis de notre époque et au service de la santé et du bien-être de tous les citoyens.

XVI - DÉMOCRATIE

Le thème de la démocratie est probablement le plus vaste parmi les sujets abordés dans cet ouvrage.

Il est communément admis (notamment à Sciences Po) qu'un petit groupe de personnes vouées à tout lire sur le sujet serait probablement dépassé par le flot montant des publications, ce qui est certainement vrai pour tous les thèmes abordés dans ce livre.

De plus, la masse des données livresques (et autres) sur ce sujet n'est pas l'unique obstacle. L'étendue du domaine n'est pas moins décourageante. Enfin, une bibliographie complète devrait comprendre plusieurs sortes de répartitions des données et plusieurs systèmes de classements.

- Classement par disciplines : Philosophie, sociologie, psychologie de la démocratie…
- Classement par langues (ouvrages en français, italien, anglais…).
- Classement par pays (pays comme sujet d'étude ou comme provenance des données).
- Classement selon les controverses ou polémiques relatives au sujet.
- Classement par thèmes. Ce dernier point montre l'ampleur du sujet. Voici quelques connexions possibles : Liberté (libertés politique, civile, individuelle) - Egalité (égalité de droits, de fait, de résultat) – Peuple (population, masse, nation, élite) - Souveraineté

(indépendance, autorité, pouvoir) – Procédure (élection, majorité, tirage au sort) – Argumentation (rhétorique, éloquence) – Education – Culture (comportement, passions, mentalités)

Devant cet « Everest » faut-il renoncer à s'exprimer ? Je ne le pense pas. Et cela d'autant plus qu'en ces jours où j'aborde ce sujet (juin 2023) il est évident et admis qu'une majorité de Français estiment que la démocratie fonctionne mal en France. Ce sentiment s'étant largement amplifié au cours des deux dernières décennies.

La démocratie est une forme d'organisation politique où les gouvernés seraient censés être en même temps les gouvernants. Cette définition se retrouve dans la formule d'Abraham Lincoln : « le gouvernement du peuple, par le peuple et pour le peuple »

Historiquement, il existe très peu d'exemples d'expériences démocratiques avant l'époque contemporaine, et celles-ci ne s'inscrivent pas dans une continuité. On songe surtout à la démocratie athénienne de l'époque classique, où l'exercice des différentes fonctions s'effectue par tirage au sort parmi une catégorie restreinte de la population (seuls les hommes de plus de vingt ans nés de parents athéniens et ayant effectué leur service militaire sont citoyens) ainsi qu'à quelques expériences très marginales et sans continuité, du Moyen Âge à l'époque moderne.

A l'époque contemporaine, le gouvernement représentatif (c'est-à-dire le gouvernement exercé par les représentants du « peuple », élus par les citoyens) a été reconnu comme une forme particulière, puis comme la seule forme de démocratie.

Les formes contemporaines de représentation élective sont considérées comme démocratiques et, à l'exception de quelques cantons suisses qui ont recours à la démocratie directe, toutes les démocraties sont, aujourd'hui, représentatives.

La formule d'Abraham Lincoln relève davantage de la légitimation des systèmes officiellement définis comme démocratiques que de leur analyse. Ainsi, si l'on en croit Joseph Schumpeter (économiste et professeur en science politique autrichien naturalisé américain), il est difficile qu'un système politique agisse dans « l'intérêt du peuple ». Il faudrait pour cela postuler que tous les membres du « peuple » n'ont que des intérêts communs.

Notre démocratie brûle…

Chiffres record d'abstention, multiplication des violences contre les élus, niveau terrible de défiance contre les institutions, les partis politiques et les médias.
Et selon un sondage ViaVoice publié par *Libération*, la crise démocratique est là : plus de trois Français sur quatre (76 % des personnes interrogées) estiment la démocratie française actuellement « en mauvaise santé ».
En clair, tous les signaux sont au rouge.
Le populisme autoritaire gagne de nombreuses batailles à l'étranger comme en France. Nos institutions s'affaiblissent au point de ne plus pouvoir produire la légitimité dont nos gouvernements ont besoin pour être efficaces.
Dans Le Monde du 17 mars 2023, Jean-Jacques Urvoas (professeur de droit public à l'université de Brest et ancien ministre de la Justice) synthétise le risque qui plane à l'issue

d'une première année de législature où les affrontements procéduraux entre l'exécutif et les députés ont supplanté les débats idéologiques, altérant la capacité délibérative de l'Assemblée.

« D'un lieu central de la vie politique, l'Assemblée Nationale sera-t-elle cantonnée à n'être qu'un théâtre de l'impuissance durant ce quinquennat sans majorité absolue ? ».

... sous les applaudissements des pompiers pyromanes.

Ne soyons pas dupes. Cette crise qui s'ancre dangereusement dans notre société profite à ceux qui estiment pouvoir en profiter. Mais qui sont-ils ?

Tous ceux qui ouvertement ou secrètement commencent à distiller la possibilité (voire la probabilité) que cette crise démocratique évolue en crise de régime s'engouffrent sur cette voie (laquelle au fil des jours et des semaines devient une autoroute), au seul profit de leur cause et/ou de leurs appétences, tant pour le pouvoir que pour leur idéologie.

Que proposent-ils ?

Surfant sur la vague du mécontentement, ils ont parfaitement identifié les deux pôles principaux de revendications d'une population désemparée : justice et ordre.

Quand je regarde l'horizon...

... je vois plusieurs avenirs possibles. Je ne m'attarderai pas ici sur ma préférence. De même, je vais éviter d'enfiler mon costume de devin en prétendant savoir aujourd'hui ce qui adviendra demain.

Je vous livre les différentes options qui semblent se proposer à nous tous.

- - Changement de comportement et d'action des décideurs en place.

Cette option sous-entend que la dégradation n'est pas de l'unique responsabilité de ceux qui, en ces temps difficiles, mènent le pays. Les racines sont plus lointaines. Mais il faut bien admettre que la manière d'agir des acteurs principaux d'aujourd'hui va à l'encontre de l'apaisement. Au contraire, elle participe à cette dépréciation (majoritaire mais pas unanime) du système politique français dans son ensemble.

Il est possible qu'un changement radical d'attitude et de méthodes puisse rétablir un esprit de confiance et de communication bénéfique pour tous.

La lucidité et l'expérience m'obligent à préciser (indépendamment de mes souhaits) que cette transformation radicale paraît ne pas être la voie choisie par nos décideurs en poste. Cette analyse est malheureusement largement partagée par les observateurs les plus proches du pouvoir.

- - Changement de méthode et changement de personnes.

De nombreuses personnalités bienveillantes et conscientes du malaise profond lancent quotidiennement des propositions cohérentes pour améliorer la situation et rétablir un état d'esprit de confiance sans prétendre tout résoudre par magie. Le système actuel peut et doit être préservé. Il doit (c'est toujours plus facile à dire qu'à faire) s'améliorer et pour cela la première étape consiste à changer les principaux acteurs (ou presque tous) afin de rendre crédible cette évolution.

Si ce point de vue est extrêmement respectable, il est cependant possible qu'il soit malheureusement caduc. La raison principale qui me permet de penser que cette solution arrive trop tard, c'est que c'est cette même solution a été promise et non tenue.

- Changement radical et bouleversement.

Il serait naïf de penser qu'un renversement (par voie légale et démocratique) ne peut advenir. Pensant bien faire tant pour eux-mêmes que pour tous, les électeurs peuvent se tourner vers des positions plus extrêmes promettant avec fermeté justice et ordre si (et pour la première fois) ils adviennent au pouvoir.

Cette option présente une alternative que je qualifierai (par un raccourci) de gauche dure et/ou de droite dure afin d'éviter les termes d'extrême gauche et extrême droite pour ne pas tomber sur des formules journalistiques et politiciennes usées jusqu'à la corde.

La particularité de cette option (qui n'est pas la moins probable) est que, dans l'opinion publique, si celle qui se considère comme la gauche française est effectivement crédible en termes de justice elle le semble beaucoup moins pour ce qui est de l'ordre. Cet apriori collectif est certainement injuste mais il n'en est pas moins réel.

En revanche, la droite traditionnelle bénéficie d'un large crédit en matière d'ordre et la droite dure qui se présente à nous a tout fait pour décrédibiliser et critiquer le système judiciaire actuel.

Il faut donc admettre qu'au jeu des probabilités (et cela toujours indépendamment de mes préférences), la droite dure semble avoir le vent en poupe et que, sans transformations profondes afin d'éviter son avènement, il ne reste que le hasard ou un sursaut républicain qui peuvent nous préserver de son accession au centre de pouvoir.

Est-ce cela que nous voulons ?

XVII - CULTURE ET NOUS

L'évolution des budgets alloués à la culture en France est une question capitale pour notre nation. Au fil des décennies, nous avons pu observer des tendances variées, reflétant les priorités politiques et économiques de chaque période.

Tour d'horizon

La culture joue un rôle essentiel tant dans la construction de l'identité nationale que dans le rayonnement de la France à l'échelle mondiale.

Elle est imprégnée d'une longue histoire, de traditions, d'arts et de coutumes qui ont forgé l'âme du pays et de son peuple.

Riche en patrimoine culturel avec un grand nombre de monuments historiques, de sites archéologiques, de musées, d'œuvres d'art et de traditions ancestrales, la France s'est souvent engagée pour la préservation et la mise en valeur de ce patrimoine.

Internationalement reconnue pour sa créativité et son esprit d'innovation dans les domaines des arts, de la littérature, du cinéma, de la mode, de la musique, de la gastronomie, etc., la culture française est un moteur de l'expression artistique et intellectuelle.

Mais la culture est aussi un puissant outil de diplomatie. Elle permet à la France de tisser des liens avec d'autres pays, de promouvoir le dialogue interculturel, de renforcer l'influence et la coopération internationale. Elle agit également sur le tourisme culturel. Les visiteurs du monde entier viennent découvrir les trésors culturels du pays, contribuant ainsi à son économie et à sa renommée.

Il faut garder également à l'esprit que la culture est un élément clé de l'éducation et de la formation des citoyens français. Elle permet de développer l'esprit critique, la créativité et l'ouverture d'esprit. Elle contribue à renforcer la cohésion sociale en favorisant le sentiment d'appartenance et en facilitant les échanges et les interactions entre les différentes communautés et régions de France. Elle offre aux individus la possibilité de s'exprimer, de se connecter avec les autres et de partager des valeurs et des expériences.

La politique culturelle

Il est unanimement admis que, dans la liste des ministres de la Culture en France, André Malraux se situe parmi les grands hommes.

Cela n'est pas sans raison. Il est bon de se souvenir que cet homme qui fut aussi (et surtout sans doute) un grand écrivain et un aventurier, mena une politique culturelle ambitieuse pour le pays.

Ministre de la Culture (titre exact ministre des Affaires culturelles) sous le gouvernement du président Charles de Gaulle, André Malraux est nommé au poste le 23 juin 1959 et occupe cette fonction jusqu'au 11 juillet 1969.

Cette nomination est un moment clé dans l'histoire de la politique culturelle en France.

Durant son mandat, André Malraux met en place des réformes et initiatives qui influencent durablement la politique culturelle du pays.

La création des Maisons de la Culture

Ce concept consiste en la création de centres culturels décentralisés dans différentes villes de France. Il s'agit de rendre la culture accessible à tous, en offrant une programmation variée d'événements artistiques et culturels.

Protection du patrimoine

Malraux s'engage pour la préservation du patrimoine et met en place des mesures de protection et de restauration des monuments historiques, tels que le Château de Chambord, la Cathédrale de Chartres et le Mont Saint-Michel. Il initie d'autre part l'inventaire général des monuments et richesses artistiques de la France.

Soutien aux arts

André Malraux encourage le développement des arts en France en apportant un soutien financier aux artistes, aux écrivains, aux cinéastes et aux créateurs dans différents domaines artistiques.

Décentralisation culturelle

L'engagement d'André Malraux est déterminant dans la décentralisation culturelle en France en encourageant les initiatives régionales et en promouvant la diversité à travers le pays.

Ministère de la Culture

C'est également sous son mandat que le ministère des Affaires culturelles a été élevé au rang de ministère de plein exercice, devenant ainsi le ministère de la Culture. Cette reconnaissance institutionnelle a renforcé le rôle de la culture dans la politique publique française.

Les actions d'André Malraux en tant que ministre de la Culture ont eu un impact durable en France. Son héritage est toujours visible dans les politiques culturelles du pays qui continuent de promouvoir la diversité, la préservation du patrimoine et l'accès à la culture pour tous les citoyens.

Autre grand moment dans la politique culturelle du pays, la nomination de Jack Lang comme ministre de la Culture.

La nomination de Jack Lang comme ministre de la Culture en 1981 sous la présidence de François Mitterrand marque un tournant significatif dans la reconnaissance et la valorisation de la culture en tant que pilier central de la société française.

- 22 mai 1981 - 20 mars 1986 23 juillet 1984 : ministre de la Culture dans les différents gouvernements
- 13 mai 1988 - 22 juin 1988 : ministre de la Culture et de la Communication dans le premier gouvernement Rocard
- 23 juin 1988 - 16 mai 1991 : ministre de la Culture, de la Communication, des Grands Travaux et du Bicentenaire dans le second gouvernement Rocard
- 17 mai 1991 - 2 avril 1992 : ministre de la Culture, de la Communication et porte-parole du gouvernement dans le gouvernement Édith Cresson

- 4 avril 1992 - 29 mars 1993 : ministre d'État, ministre de l'Éducation nationale et de la Culture dans le gouvernement Pierre Bérégovoy

Jack Lang s'engage dans la promotion de la démocratisation culturelle en France. Il cherche à rendre la culture accessible à tous et met en place des initiatives pour favoriser l'accès à l'art, à la musique, au cinéma, à la littérature et aux arts de la scène pour tous les citoyens, quel que soit leur milieu social. Il porte également une attention particulière à la préservation et à la valorisation du patrimoine culturel français. Il initie des mesures pour restaurer les monuments historiques, préserver les sites archéologiques et protéger le patrimoine artistique du pays.

En tant que ministre de la Culture, Jack Lang accorde une place importante à la promotion et au soutien des artistes et des créateurs français. Il encourage la création artistique dans tous les domaines culturels et soutient les artistes émergents.

Pour mettre en œuvre cette politique ambitieuse les budgets alloués à la culture sont considérablement augmentés.

Parmi les projets ambitieux et innovants et connus sous le nom de "Grands Travaux" culturels il faut se souvenir de la création de nombreux centres culturels, musées, théâtres et festivals à travers le pays.

Mais Jack Lang c'est aussi

- une politique culturelle plus vaste qui englobe le renforcement de la diplomatie culturelle de la France en promouvant sa culture à l'échelle internationale ;

- l'intégration de l'éducation artistique dans le système éducatif français ;
- l'enseignement des arts dans les écoles pour favoriser la créativité et l'épanouissement des jeunes ;
- la défense de la diversité culturelle en France et dans le monde et l'encouragement, le respect et la valorisation des cultures régionales et étrangères, contribuant ainsi à la richesse de la culture française ;
- la création de la fête de la musique le 21 juin 1982.

Continuité à budgets variables

Il convient de noter que les budgets culturels ont souvent été soumis aux fluctuations économiques et aux contraintes budgétaires. Les périodes de récession économique ont souvent été marquées par une diminution des investissements dans la culture.

Malgré cela, les ministres de la Culture successifs ont toujours cherché à préserver les acquis culturels et à maintenir une politique de soutien aux artistes et aux institutions culturelles.

Au cours des dernières décennies, nous avons également assisté à une diversification des sources de financement pour la culture en France. Les partenariats public-privé, les mécénats d'entreprises et les fondations ont contribué à compléter les budgets publics, offrant de nouvelles opportunités de développement culturel. Cette évolution permet de garantir une certaine stabilité financière pour le secteur culturel, bien que certains puissent considérer qu'elle a également introduit des considérations commerciales dans la sphère artistique.

La politique culturelle a également évolué au fil du temps : au-delà des grands travaux infrastructurels, les ministres de la Culture ont accordé une attention croissante à la démocratisation de la culture et à son accessibilité à tous. Des initiatives telles que les tarifs réduits pour les jeunes, les actions en faveur de la diversité culturelle et les dispositifs de médiation ont été mis en place pour élargir les publics et encourager la participation citoyenne.

La politique culturelle en France est également marquée par un soutien continu à la création artistique et à la préservation du patrimoine culturel. Des institutions comme le Centre national du cinéma et de l'image animée (CNC) et la Bibliothèque nationale de France ont été créées respectivement pour soutenir le cinéma et conserver et diffuser le patrimoine documentaire. De plus, des mesures ont été prises pour promouvoir la diversité des expressions artistiques et encourager l'innovation dans les différentes disciplines culturelles.

L'évolution des budgets et de la politique culturelle en France témoigne d'une volonté constante de placer la culture au cœur de notre société. Malgré les fluctuations économiques, les différents gouvernements cherchent à maintenir un soutien financier et politique à la culture, tout en adaptant leurs priorités aux enjeux contemporains. La diversification des sources de financement et l'attention portée à la démocratisation culturelle sont autant de preuves de l'engagement de la France envers la richesse et la vitalité de son patrimoine culturel.

Et si la politique culturelle était (en partie) un exemple

Il apparaît que la politique culturelle en France bénéficie d'une forme de consensus quant à ses priorités et ses engagements fondamentaux, même si certains privilégient la défense du patrimoine, d'autres la promotion des artistes vivants.

La seule divergence est le poids (ou les restrictions) budgétaire alloué à la Culture en fonction des contextes économiques généraux.

Ainsi les actions et les grands axes semblent correspondre aux différents gouvernements qui se sont succédé et cela quelles que soient leur couleur ou nuance politique. La politique culturelle en France peut donc être considérée comme un espace sanctuarisé. Il faut toutefois (et toujours par recherche de vérité et de lucidité) rester attentif à ce que cette continuité ne soit pas que de façade. Car il faut mettre en concordance sa politique et ses budgets et il est facile de prétendre poursuivre et/ou accorder à la Culture une place de choix dans notre société si c'est, dans le même temps, le secteur qui subit les plus grosses coupes budgétaires dans les moments délicats.

La politique, ce ne sont pas seulement des intentions et des actes, c'est aussi savoir se donner les moyens.

Si la politique culturelle française semble répondre à une continuité bénéfique, il faut cependant rester attentif à ce que cette ligne politique soit également sanctuarisée sur le plan économique. La culture a besoin d'argent. Il est indispensable que soit mis en place un système qui puisse lui assurer une continuité et un développement pour le bien de tous et de chacun.

Pendant la Deuxième Guerre mondiale, aux députés de la Chambre des Communes du Royaume-Uni qui réclamaient l'abolition de la subvention à l'art pour contrubuer à l'effort de guerre, Winston Churchill a répondu : « Alors, pourquoi nous battons-nous ? »

XVIII - CONCLUSION ET SUITE

Comme la grande majorité de mes compatriotes, je m'intéresse à la politique.

En effet, il est fréquent dans les familles ou entre amis que soit abordé ce sujet. Chacun s'exprime avec plus ou moins de certitudes, de convictions, de connaissances, de références. Mais tous communiquent avec passion, ce qui parfois occasionne des discordes et/ou des disputes aux conséquences variables.

Les Français aiment la politique et je ne déroge pas à la règle. Mais quand un institut de sondage pose la question : « Quel est votre intérêt de la politique ? » aux citoyens Français, ils sont seulement 53 % à répondre que cela les intéresse.

J'ai le sentiment que, si ce pourcentage est réel, il ne traduit que l'intérêt en un instant précis : le présent. Ces réponses peuvent alors être analysées comme étant liées à la période de « l'instant de la question », période durant laquelle les actes et discours politiques ne semblent pas ou peu répondre aux préoccupations fondamentales des individus. Ce point de vue semble être corroboré par la désaffection d'un grand nombre de mes concitoyens envers la classe politique actuelle, ce à quoi s'ajoute une opinion très critique envers les médias et sources d'informations les plus connus ou facilement accessibles.

Mais est-ce pour autant que nous n'aimons pas débattre entre nous de la politique ? Mon expérience me pousse à répondre par la négative à cette interrogation.

Je rappelle encore une fois à ce sujet qu'à titre personnel, bien que quelquefois sollicité, je n'ai jamais voulu intégrer un mouvement quelconque.

C'est parce que je suis convaincu que l'intérêt de mes compatriotes pour la politique est similaire en grande partie au mien que j'ai ressenti le désir d'écrire cet ouvrage. C'est parce que je crois qu'au plus profond de nous l'intérêt général reste un sujet phare que j'ai souhaité apporter mon point de vue sur des sujets différents et variés. Je me suis attaché à faire un état des lieux non partisan et assez précis dans le but de susciter des voies de réflexions. Je ne crois pas au principe du « y'a qu'a faut qu'on ». Cette position est à mes yeux contradictoire avec mon désir de lucidité et incompatible avec les notions de débats et d'actions qui caractérisent le socle de toutes démocraties.

Je suis un patriote

Je suis un patriote et comme tous les patriotes de tous les pays du monde j'aime mon pays. Cet amour pour ma patrie me rappelle à chaque instant que les autres pays ne sont jamais des ennemis (sauf bien sûr en temps de guerre), des adversaires mais des partenaires avec lesquels se concluent des accords plus ou moins avantageux.

Je suis un patriote, lequel, comme tous les patriotes de tous les pays du monde est fier de son pays et de son appartenance à son collectif. Mais comme tous les patriotes je cherche à être juste et quand mon pays, dans son histoire, s'est embarqué dans une période funeste, je sais le reconnaître. Être patriote, c'est aussi savoir ne pas soutenir coûte que coûte l'insoutenable.

Et en tant que patriote, je me méfie du chauvinisme. Ce sentiment conduit un individu à idéaliser la réalité de son pays tout en dénigrant d'autres pays, d'autres peuples. Cela mène assurément à la pratique inévitable de concepts tels que la xénophobie et le racisme.

Et c'est aussi (et toujours) en patriote que je me méfie du nationalisme. Si cette attitude conférant parfois à une posture rigide est, à son origine, indissociable de l'avènement de la démocratie comme gouvernement du peuple, l'histoire en a montré les dérives. Aujourd'hui, il est donc difficile de soutenir ce courant de pensée qui induit :

- exclusion et discrimination (notamment envers des individus ou des groupes considérés comme "étrangers" ou "différents"),
- supériorité (généralement envers les autres nations ce qui peut mener à l'arrogance, l'isolationnisme à l'hostilité envers les étrangers),
- conflits internationaux (en renforçant les tensions entre nations et en encourageant la défense agressive des intérêts nationaux),
- protectionnismes économiques (qui restreignent les échanges commerciaux internationaux et qui peuvent nuire à l'économie mondiale),
- repli sur soi (qui se traduit par une réticence à coopérer avec d'autres nations dans le cadre d'organisations internationales ou de traités multilatéraux),
- négation de l'interdépendance mondiale (ce qui entrave les efforts de résolution de problèmes mondiaux tels que le changement climatique ou les pandémies),

- remise en question de la diversité culturelle (en privilégiant une seule supposée culture nationale, ce qui peut entraîner des tensions internes et la marginalisation des minorités culturelles),
- manipulation politique (et manipulation de l'opinion publique afin de détourner l'attention des problèmes internes et/ou justifier de politiques autoritaires).

Deux interrogations

En tant que citoyen français, deux interrogations majeures se présentent à moi et, comme je suis comme tout le monde, j'en conclus qu'elles peuvent habiter un grand nombre de mes compatriotes et même au-delà.

- Comment la France avec sa place dans le monde économique, sa richesse culturelle, son art de vivre, la beauté de ses campagnes, son patrimoine, sa situation géographique « enviable » et tous les autres atouts qui lui sont connus et reconnus par tous peut-elle être si dépréciée par une aussi grande partie de son propre peuple et générer une forme de morosité chez ses citoyens ?
- Et comment mon pays avec l'ensemble des atouts économiques (industries, recherche, tourisme, agriculture, place au sein de l'Europe, etc.) peut-il se retrouver avec une dette atteignant le seuil spectaculaire des 3 000 milliards d'euros soit 111,6 % du produit intérieur brut (PIB) ? Bien sûr, je sais que la dette publique n'est pas nécessairement un problème en soi tant qu'elle est gérée de manière responsable et soutenable. Les pays peuvent emprunter pour financer des investissements productifs, des projets d'infrastructures et des programmes sociaux

qui contribuent à la croissance économique et au bien-être de la population. Mais dans le cas de mon pays, de notre pays, il devient de plus en plus évident que cette dette abyssale va devenir un (sinon le) sujet majeur des prochaines politiques en vigueur et, par voie de conséquence, le cadre dans lequel chacun devra trouver sa place et parvenir à vivre et s'épanouir.

C'est (aussi) parce que je n'ai pas de réponses toutes faites à ces deux interrogations que j'ai ressenti le désir d'écrire ces lignes.

Merci

Je suis conscient que cet ouvrage est incomplet et que bien d'autres sujets fondamentaux sont à traiter. Je pense notamment à la laïcité, l'école (et plus généralement l'enseignement), la famille, l'agriculture, l'énergie, la police, la défense, le logement, l'égalité hommes/femmes, etc.

Il est donc probable, sans que ce soit à ce jour certain, que je poursuivrai ce travail et que je viendrai vous le proposer dans un futur proche. Ce désir chez moi prend d'autant plus d'ampleur que j'ai le regret aujourd'hui de ne pas (durant ma carrière) m'être engagé sur une voie politique, ayant toujours essayé de rester neutre face aux opinions les plus diverses.

Je souhaite et j'espère que vous avez trouvé dans ces lignes et chapitres des sources de réflexions et un point de vue acceptable sans forcément y adhérer.

Si ce livre a donné, à ceux qui l'avaient un peu perdu, l'envie d'échanger, la fierté d'être français, la volonté de s'informer au-delà des autoroutes de l'information, ou tout simplement le plaisir d'approfondir les sujets abordés, j'en serai très heureux.

Et si, parmi les lecteurs, ce travail a donné à quelques-uns le désir de s'investir en politique, mon unique souhait est que ce livre puisse participer à leur engagement dans le but principal et unique de l'intérêt général.

Merci de nos différences et de nos similitudes, merci d'avoir pris du temps et merci d'avoir eu la curiosité de me lire.

ANNEXE - AU FIL DU TEMPS

Petit rappel pour mieux se souvenir.

LA QUATRIÈME RÉPUBLIQUE (1948-1958)

La Quatrième République, qui s'étend de 1946 à 1958, a été une période tumultueuse de l'histoire politique de la France.

1. Le contexte politique et institutionnel

La Quatrième République est marquée par une instabilité politique et institutionnelle. Il faut souligner l'importance du régime parlementaire et la multiplication des gouvernements de coalition. Cette instabilité est exacerbée par la guerre d'Indochine et la guerre d'Algérie qui divisent la classe politique et la société française.

2. Les enjeux sociaux et économiques

Durant cette période, la France est confrontée à de nombreux enjeux sociaux et économiques. Au lendemain de la fin de la Deuxième Guerre mondiale, la France se doit de donner la priorité à la reconstruction d'après-guerre, à la lutte contre les inégalités sociales et au développement économique. Cette période est fortement marquée par des mouvements sociaux importants, tels que les grèves de 1947 et les manifestations ouvrières.

3. La décolonisation et les conflits internationaux

Confronté aux défis de la décolonisation et aux conflits internationaux, le régime de la Quatrième République fait face à la guerre d'Indochine et à la guerre d'Algérie. Ces deux conflits impactent tant l'histoire de la période que l'histoire de la France durant les décennies à venir. Durant la Quatrième République, il faut noter que la gestion de ces conflits est difficile, entraînant des divisions politiques et sociales profondes.

4. Les critiques et l'effondrement du régime

La Quatrième République a été critiquée pour son inefficacité et son instabilité. Il est important de se souvenir que c'est la crise de mai 1958 qui a conduit à l'effondrement du régime et à la mise en place de la Cinquième République. Les critiques à l'époque portaient sur l'incapacité du régime à prendre des décisions fermes et à faire face aux défis du moment.

5. L'héritage et les leçons de la Quatrième République

La Quatrième République laisse un héritage complexe et controversé. Mais il ne faut pas omettre l'importance de la construction européenne, initiée pendant cette période, ainsi que la reconnaissance des droits sociaux et des libertés individuelles. Cependant, l'instabilité politique et l'incapacité à gérer les crises ont conduit à une remise en question du régime, à une réflexion sur les systèmes politiques et sur les institutions démocratiques pour aboutir à l'adoption d'un nouveau système politique.

LA CINQUIÈME RÉPUBLIQUE (1958-2023)

La création de la Cinquième République en 1958 apporte une stabilité institutionnelle et une concentration du pouvoir exécutif. Les présidents successifs jouent un rôle central dans la politique française, chacun avec sa propre vision et sa propre marque.

1 - Charles de Gaulle (1958-1969)

Charles de Gaulle incarne le retour de la grandeur de la France sur la scène internationale. Les enjeux fondamentaux de sa politique sont : la réconciliation nationale, la modernisation économique et la construction européenne.

- Je garde un profond respect et une sincère admiration pour cet homme que j'ai eu l'honneur de rencontrer par deux fois à Colombey-les-Deux-Eglises. J'étais, à l'époque, directeur commercial et administrateur des Forges de Bologne (près de Chaumont).

- La fondation de la Cinquième République

La création de la Cinquième République en 1958 constitue un tournant majeur dans l'histoire politique de la France. Charles de Gaulle joue un rôle central dans la rédaction de la constitution et incarne le retour de la grandeur de la France. Cette période peut être considérée comme une période de transition, marquée par une volonté de renouveau institutionnel et de stabilité gouvernementale.

- Une politique de réconciliation nationale

Charles de Gaulle cherche à réconcilier les différentes forces politiques et à apaiser les divisions de la société française. Il est important de mettre en évidence sa politique de rassemblement visant à surmonter les clivages entre la droite et la gauche et à rétablir l'unité nationale. Le retour de la paix en Algérie en 1962 est un moment clé de cette politique de réconciliation.

- Une vision souverainiste

La politique de Charles de Gaulle se singularise par un fort sentiment de souveraineté nationale et de grandeur de la France. Il faut souligner son refus de l'alignement systématique sur les grandes puissances, en particulier les États-Unis. De plus, de Gaulle prône une politique étrangère indépendante et cherche à renforcer la place de la France sur la scène internationale.

- La modernisation économique et sociale

Charles de Gaulle entreprend des réformes économiques et sociales importantes. Il met en place une politique de modernisation économique et de planification qui vise à développer l'industrie française et à réduire les inégalités. De Gaulle met aussi en place des réformes sociales, telles que l'instauration du salaire minimum, l'extension et la réorganisation de l'assurance maladie.

- Mouvements sociaux et tensions politiques

La présidence de Charles de Gaulle est marquée par des tensions politiques et des mouvements sociaux importants. La contestation étudiante et ouvrière de mai 1968 remet en question l'autorité du président et révèle les fractures sociales de la société française. De Gaulle doit faire face à ces mouvements et démissionne à la suite d'un référendum qui lui est défavorable en 1969.

2 – Georges Pompidou (1969-1974)

Le mandat de Georges Pompidou est marqué par une politique de modernisation économique et technologique. Il faut souligner l'importance de sa politique de rapprochement avec l'Allemagne et le renforcement de la coopération européenne. La question de l'écologie et la protection de l'environnement commencent à émerger durant cette période.

- L'élection et la transition

Georges Pompidou est élu président de la République en 1969, succédant à Charles de Gaulle. Cette transition politique marque tout à la fois un changement générationnel et une volonté de continuité dans la politique gaulliste. Pompidou hérite d'un pays en pleine transformation et doit faire face à de nombreux défis.

- Modernisation économique

La politique économique de Georges Pompidou est axée sur la modernisation de l'économie française. Il met en place une politique de développement industriel et technologique, visant à renforcer la compétitivité de la France sur la scène internationale. Des réformes sont engagées pour stimuler la croissance économique et améliorer la productivité.

- Politique culturelle et artistique

La présidence de Pompidou se caractérise par une politique culturelle et artistique dynamique. Le Centre Pompidou est inauguré en 1977. Sa politique culturelle contribue à la promotion de l'art contemporain et à la diffusion de la culture en France. Cette politique participe également aux renforcements de l'image de la France en tant que nation créative et innovante.

- Relations internationales

Georges Pompidou veut renforcer les relations internationales de la France, notamment dans le rapprochement avec l'Allemagne. Cette volonté se traduit par la signature du traité de l'Élysée en 1963. Il cherche à développer des relations avec d'autres pays, renforçant ainsi le rôle de la France sur la scène internationale.

- Enjeux sociaux et politiques

Mais le mandat du Président Pompidou est aussi marqué par des tensions sociales et politiques. À la suite des mouvements de contestation, tels que les manifestations étudiantes et ouvrières de mai 1968 qui ont mis en lumière les inégalités et les aspirations de la jeunesse française, Georges Pompidou doit faire face à d'autres mouvements de la jeunesse de l'époque et cherche à répondre aux revendications sociales.

3 - Valéry Giscard d'Estaing (1974-1981)

Valéry Giscard d'Estaing a été le président de la modernisation de la société française. Il s'engage dans des réformes sociétales, notamment en matière de droits des femmes. La crise économique, la montée du chômage et les tensions sociales marquent toutefois son mandat.

- J'ai eu la chance et le privilège de recevoir Valéry Giscard d'Estaing dans mes bureaux de l'Avenue Malakoff à Paris, quand

il exerçait la fonction d'attaché aux Finances. La raison de cet entretien concernait une question familiale qui lui tenait à cœur. Je garde de cette rencontre le souvenir d'un homme d'une impressionnante érudition.

- Election et réformes sociétales

Valéry Giscard d'Estaing est élu Président de la République en 1974. Il succède à George Pompidou, décédé avant le terme de son mandat. L'arrivée au pouvoir de cet homme jeune, à peine âgé de 48 ans, marque une transition politique qui se traduit par des avancées sociétales. Giscard d'Estaing entreprend des réformes audacieuses, notamment en matière de contraception et d'interruption volontaire de grossesse, qui contribuent à la modernisation de la société.

- Politique économique et ouverture internationale

La politique économique de Giscard d'Estaing est axée sur la modernisation de l'économie et l'ouverture internationale. Il soutient et met en place une politique de désindexation des salaires et des prix, ce qui vise à lutter contre l'inflation. Giscard d'Estaing favorise également l'internationalisation de l'économie française en soutenant l'intégration européenne et en promouvant le libre-échange.

- Politique énergétique et environnementale

La présidence de Giscard d'Estaing se distingue par des avancées significatives dans le domaine de l'énergie et de l'environnement. Il est important de noter durant cette période le développement du nucléaire civil en France, qui permet à la France de devenir un leader mondial dans ce domaine. Giscard d'Estaing joue un rôle clé dans la création du ministère de l'Environnement et dans la promotion de la conscience écologique.

- Tensions sociales et crise économique

La présidence de Giscard d'Estaing est toutefois agitée par des tensions sociales et une crise économique majeure. Des mouvements de grève et des manifestations marquent notamment la contestation des réformes économiques et la remise en cause de l'autorité présidentielle. La crise mondiale des années 1970, et ce qui sera appelé le choc pétrolier, qui débute en 1973, ont également entraîné des répercussions sur la société française.

- Enjeux européens et politique étrangère

Valéry Giscard d'Estaing joue un rôle clé dans la construction européenne. Son engagement en faveur de la coopération européenne se concrétise notamment en soutenant la création du Conseil européen et en participant activement à la création de la monnaie unique. Sa politique étrangère est également marquée par une volonté de renforcer le rôle de la France sur la scène internationale.

4 - François Mitterrand (1981-1995)

François Mitterrand représente le renouveau de la gauche française. Son élection est immédiatement suivie de réformes sociales majeures, telles que l'abolition de la peine de mort et la mise en place de la cinquième semaine de congés payés. La construction européenne et la politique étrangère ont également été des axes importants de son mandat.

Les deux mandats présidentiels de François Mitterrand se sont étendus de 1981 à 1995. Ils ont marqué une période importante de l'histoire politique de la France.

- Il m'est arrivé de côtoyer cet extraordinaire personnage à la Brasserie LIP à Paris alors qu'il n'occupait pas encore la plus haute fonction de l'État.

Une fois élu, cet homme a eu l'audace d'ouvrir l'accès aux crédits industriels et commerciaux dès sa première élection. Cette décision s'est avérée déterminante pour amorcer (à cette époque) un élan économique.

- Élection et réformes sociétales

François Mitterrand est élu président de la République le 10 mai 1981 et devient le premier président socialiste de la Cinquième République. Cette transition politique se traduit par un désir de changement entre autres au niveau sociétal. Mitterrand entreprend des réformes significatives qui contribuent à la modernisation de la société et à la reconnaissance des droits individuels.

- Politique économique et sociale

La politique économique et sociale de François Mitterrand se caractérise par des défis et des tensions. La politique de nationalisation, qui visait à renforcer l'intervention de l'État dans l'économie et à protéger les intérêts nationaux, est confrontée à des difficultés. Celles-ci se traduisent notamment par la hausse du chômage et par des déficits budgétaires croissant. Cela conduit à un tournant économique et à la mise en place de réformes plus libérales.

- Construction européenne et politique étrangère

François Mitterrand joue un rôle central dans la construction européenne et dans la politique étrangère de la France. Son engagement en faveur de l'intégration européenne se traduit (entre autres) par le soutien à la création de l'Acte unique européen en 1986 et la signature du Traité de Maastricht en 1992. Mitterrand est également actif sur la scène internationale. Il est un des acteurs prépondérants et de premier plan en tant que médiateur dans des conflits tels que la guerre du Golfe en 1991.

- Tensions sociales et mouvements de contestation

Durant sa présidence, François Mitterrand doit faire face à des tensions sociales et des mouvements de contestation de grande ampleur. Mouvements sociaux et grèves mettent en évidence les inégalités et les demandes de réformes plus profondes. La crise économique et les difficultés rencontrées par les gouvernements successifs alimentent ces tensions et conduisent à des manifestations massives, telles que les manifestations étudiantes de 1986 et les grèves de 1995.

- Héritage politique et critiques

Impossible de mentionner cette période sans aborder la question de l'héritage politique laissé par François Mitterrand. Celui-ci s'avère complexe et controversé. Il faut cependant retenir la construction d'une gauche plurielle, qui a permis à deux reprises la cohabitation avec la droite au cours de son mandat (1986-1988 et 1993-1995). Cependant, Mitterrand est également critiqué pour sa gestion économique, ses relations ambiguës avec les médias et les affaires politico-financières qui ont émergées après son départ du pouvoir.

<hr>

5 - Jacques Chirac (1995-2007)

Les deux mandats de Jacques Chirac, qui se sont étendus de 1995 à 2007, se caractérisent par la recherche d'une identité française dans un contexte de mondialisation croissante. Le Président Chirac met en place une politique de modernisation économique, de réformes institutionnelles et de lutte contre les discriminations. Mais de fortes tensions sociales, des mouvements de grèves importants et des défis liés à l'immigration marquent également cette période.

- J'ai également eu la chance et l'honneur de rencontrer Jacques Chirac à plusieurs reprises. Il était à l'époque maire de Paris et nos entretiens se déroulaient à l'Hôtel de Ville, en présence d'Alain Juppé (adjoint au maire). Nos échanges portaient essentiellement sur de simples problèmes administratifs.

Je garde en mémoire de ces constructifs et sympathiques rendez-vous que Monsieur Chirac m'avait confié avoir été, comme moi, Scout de France et qu'il répondait au nom de totem « Bison Futé ».

- Élection et réformes économiques

Jacques Chirac est élu président de la République en 1995. Il succède à François Mitterrand, dont il avait été le premier ministre de 1986 à 1988.

L'arrivée au pouvoir de Chirac marque un changement de génération et de vision politique. Il met en place des réformes économiques, notamment la réduction des déficits publics et la baisse des impôts. Il vise ainsi à stimuler la croissance et à favoriser l'investissement.

- Politique sociale et fracture sociale

La présidence de Jacques Chirac est soumise à des enjeux sociaux avec notamment la question de la fracture sociale.

Après son arrivée au pouvoir, en 1995, en réponse aux réformes et à la politique de rigueur économique, les questions de précarité, de chômage et d'inégalités sociales deviennent le cœur des préoccupations de la société française.

- Relations internationales et politique étrangère

Jacques Chirac joue un rôle clé dans les relations internationales et la politique étrangère de la France. Sa position contre la guerre en Irak en 2003 renforce l'image de la France en tant que pays attaché à la diplomatie et à la résolution pacifique des conflits. Chirac est également actif dans la construction européenne, soutenant l'élargissement de l'Union européenne et favorisant une politique étrangère indépendante.

- Environnement et développement durable

De la conférence de Kyoto en 1997, au cours de laquelle Chirac joue un rôle clé dans la promotion de la lutte contre le changement climatique à « La maison brûle et nous regardons ailleurs », phrase prononcée en ouverture de son discours devant l'assemblée plénière du IVe Sommet de la Terre le 2 septembre 2002 à Johannesburg en Afrique du Sud, la présidence de Jacques Chirac traduit la prise de conscience croissante des enjeux environnementaux et du développement durable.

Jacques Chirac soutient notamment les politiques environnementales nationales visant à réduire les émissions de gaz à effet de serre et à promouvoir les énergies renouvelables.

- Défis et critiques

La présidence de Jacques Chirac est confrontée à des défis, controverses et affaires politiques qui ont entaché la fin de son mandat. Ces critiques ont remis en question l'intégrité politique et les pratiques gouvernementales. Des mouvements sociaux et des tensions économiques ont également mis en lumière les limites de sa politique.

6 - Nicolas Sarkozy (2007-2012)

Nicolas Sarkozy incarne une rupture dans la politique française. Sa politique de réformes économiques est entre autres soutenue par une vision plus conservatrice des enjeux liés à la politique sécuritaire, à la place de la France dans l'Union européenne et à la lutte contre le terrorisme. Des mouvements sociaux et la crise économique de 2008 ont également eu un impact sur son mandat.

- Élection et réformes économiques

Nicolas Sarkozy est élu président de la République en 2007 ; il succède à Jacques Chirac. Cette transition politique est marquée par un changement de style et une volonté affichée de réformes économiques. Sarkozy met en place des réformes ambitieuses, telles que la réforme des retraites, la suppression de certains impôts et la promotion de la politique de l'offre visant à stimuler encore plus la croissance économique et à favoriser l'investissement.

- Politique sécuritaire et immigration

Durant le quinquennat de Nicolas Sarkozy une politique sécuritaire et une attention particulière à la question de l'immigration sont mises en place. Fermeté en matière de lutte contre la délinquance, mesures pour combattre le terrorisme et politique d'immigration plus restrictive entrent également en vigueur. Ces actions sont critiquées par ses opposants, qui y voient des atteintes aux libertés individuelles et aux droits des migrants.

- Réformes sociales et modernisation

Nicolas Sarkozy entreprend des réformes sociales et de modernisation. Sont à noter (entre autres) la réforme de l'enseignement supérieur, la création du service minimum dans les transports publics et la réforme de la justice. Sarkozy cherche également à moderniser l'État et à réduire la bureaucratie en mettant en place des mesures de simplification administrative.

- Relations internationales et politique étrangère

La résolution de la crise financière mondiale de 2008 ainsi que son intervention militaire en Libye en 2011 démontrent une implication importante dans les relations internationales et la politique étrangère. Sarkozy est également actif dans la promotion de la construction européenne et joue un rôle clé dans la création du traité de Lisbonne.

- Mouvements sociaux et critiques

La présidence de Nicolas Sarkozy a été confrontée à des mouvements sociaux et manifestations, notamment contre la réforme des retraites, et des mouvements étudiants. Sarkozy est critiqué pour son style de gouvernance, sa communication politique et son attitude jugée parfois provocatrice.

7 - François Hollande (2012-2017)

François Hollande se trouve face à des défis majeurs, tels que la crise économique, la montée du chômage et les attentats terroristes. On peut souligner son engagement pour la transition énergétique et la COP21 ainsi que ses réformes sociétales, parmi lesquelles le mariage pour tous. La question de l'immigration et la montée de l'extrême droite ont également constitué des enjeux majeurs durant cette période.

- Élection et réformes économiques

François Hollande est élu président de la République en 2012. Il succède à Nicolas Sarkozy. Son quinquennat se caractérise par une volonté de changement et de réformes économiques. Hollande met en place une politique de relance de la croissance, avec la création du crédit d'impôt pour la compétitivité et l'emploi, ainsi que la réforme du marché du travail. Ces mesures visaient à stimuler l'économie et à favoriser l'emploi.

- Politique sociale et droits des minorités

Sous la présidence de François Hollande sont votées : la loi sur le mariage pour tous, qui a permis la reconnaissance du mariage homosexuel en France, ainsi que la loi sur l'égalité réelle entre les femmes et les hommes. Ces mesures ont été perçues comme des avancées sociétales importantes.

- Enjeux de sécurité et de terrorisme

Durant son quinquennat, François Hollande est confronté à des problèmes de sécurité et de terrorisme majeurs. Les attentats de 2015 en France, notamment ceux perpétrés contre Charlie Hebdo et le Bataclan, ont un impact très important tant au niveau national qu'international. Hollande doit faire face à ces attaques et prendre des mesures pour renforcer la sécurité intérieure et la lutte contre le terrorisme.

- Politique étrangère et diplomatie

François Hollande s'engage dans la résolution des crises internationales, notamment dans les conflits en Syrie et au Mali. Hollande joue également un rôle central dans les négociations sur le climat aboutissant à la signature de l'Accord de Paris en 2015.

- Tensions sociales et critiques

La présidence de François Hollande se trouve confrontée à des tensions sociales et des mouvements sociaux, tels que les manifestations contre la loi travail en 2016, qui ont mis en lumière les fractures sociales et les demandes de réformes plus profondes. Hollande est aussi critiqué pour sa gestion économique, sa communication politique et les difficultés rencontrées dans la réduction du chômage.

8 - Emmanuel Macron (2017 à nos jours)

Emmanuel Macron représente une nouvelle génération de dirigeants politiques en France. Sa politique de réformes économiques, de modernisation de l'État et de renouvellement de la classe politique jalonne son exercice du pouvoir. La question sociale, les mouvements de contestation et les défis liés à l'Europe caractérisent ses mandats.

- En tant que simple éditorialiste (amical) du journal *Entreprendre*, je me suis permis d'écrire un article à l'aube du mandat électoral d'Emmanuel Macron, sous le titre : *Macron, une opportunité pour la France.*

Vous trouverez l'intégralité de ce texte (suivi d'un bref commentaire) à la fin de ce chapitre.

- Élection et le mouvement En Marche !

Emmanuel Macron est élu président de la République en 2017, avec la création de son mouvement politique « En Marche ! » Cette importante transition politique est portée par un discours de renouveau politique et une volonté de transcender les clivages traditionnels. Macron réussit à mobiliser une large coalition de soutien, attirant des électeurs de différents horizons politiques.

- Politique économique et réformes structurelles

La politique économique d'Emmanuel Macron est axée sur la libéralisation de l'économie et les réformes structurelles. Les réformes du marché du travail, de la fiscalité et des retraites sont mises en place dans le but de stimuler la croissance économique et de favoriser l'emploi. Ces mesures sont perçues comme des efforts pour moderniser l'économie française.

- Politique sociale et enjeux sociétaux

La loi pour l'école de la confiance ainsi que les mesures en faveur de l'égalité hommes-femmes sont mises en application durant la présidence Macron. Des questions sensibles telles que l'immigration, la laïcité et le multiculturalisme sont abordées, suscitant de nombreux débats au sein de la société française.

- Politique européenne et diplomatie

Emmanuel Macron s'engage dans une politique européenne ambitieuse et cherche à renforcer le rôle de la France au sein de l'Union européenne avec notamment son plaidoyer en faveur de la relance de l'intégration européenne et la proposition de création d'un budget de la zone euro. Macron joue aussi un rôle actif dans les négociations sur le Brexit et la lutte contre le changement climatique.

- Mouvements sociaux et contestations

La présidence d'Emmanuel Macron est jalonnée de mouvements sociaux et de contestations importants tels que les Gilets jaunes en 2018 et les manifestations contre la réforme des retraites en 2019, 2020 et 2023. Ces actions collectives mettent en évidence les inégalités sociales, les frustrations économiques et les demandes de justice sociale.

Ce bref résumé des actions des différents chefs d'Etat, qui constituent la Cinquième République de son avènement à nos jours, permet visualiser de façon très schématique le fait que toute action politique s'inscrit dans une continuité. Cette évidence permet, dans le cas qui nous concerne, de mettre à jour les ruptures mais aussi les caractéristiques de chaque président, de chaque politique menée, tant dans la forme que dans le fond.

Il est important selon moi d'aborder les sujets et les éventuels problèmes d'aujourd'hui à l'aune de cette réalité, qu'il m'a semblé bon de rappeler, même de façon succincte.

Article paru dans le journal *Entreprendre* numéro 311 de juin 2017-

La chronique du bon sens d'Etienne Le Sidaner

Macron : une opportunité pour la France sur la voie du bon sens.

Notre nouveau Président bénéficie actuellement d'un contexte exceptionnel dans le cadre d'un sursaut populaire qui s'est manifesté au détriment de tous les mouvements et partis politique en place.

Cher citoyen, j'ai comme toi la chance de vivre dans un des plus beaux pays de notre planète qu'est bien sûr, la France, « *notre France* ». Essayons donc d'analyser ensemble si tu veux bien m'écouter, les véritables raisons de ce dérapage qui n'aurait pas dû exister. Apparemment, démocratiquement, nous avons choisi et entériné un système politique doté d'une constitution après de longues négociations très sophistiquées que nous avons aujourd'hui le devoir de respecter. Celle-ci a pour origine une époque où les circonstances d'un après-guerre, nous ont dotés d'hommes exceptionnels par leur envergure et leur vision.

Depuis cette période dite d'après-guerre, les hommes et les femmes que nous avons démocratiquement placés aux commandes de notre pays ne semblent plus refléter aujourd'hui la réalité des souhaits de nos concitoyens. La raison semble en être assez simple. Malgré les qualités humaines et humanistes de certains, nous savons tous que les portes du pouvoir passent aujourd'hui par l'adhésion à un parti politique faisant de ces individus des hommes marqués par une idéologie de groupe, devenant prisonnier

---

d'un clivage devenu totalement obsolète. De plus, il est évident que, si servir son pays devrait être avant tout une vocation, les avantages reçus en matière de rémunération sont devenus anormalement supérieur à une autre activité.

Nos concitoyens ressentent à ce sujet une forme d'inégalité. Il est évident de constater également que les motivations des individus qui accèdent aux portes du pouvoir politique et économique, sont issus en grande majorité des espaces associatifs, du fonctionnariat et des grandes écoles, donc jamais confrontés personnellement à la réalité et à la responsabilité d'une industrie ou d'un commerce. Une surenchère d'idées nouvelles, souvent adaptées aux contingences et au progrès social, nous ont été souvent imposées au détriment de nos valeurs et de nos traditions séculaires et même millénaire, ancrées au plus profond de notre subconscience de groupe auquel nous appartenons et qui constitue ce que nous appellerons aussi nos propres gênes. Nous sommes aujourd'hui pris au piège de l'évolution de notre propre société en proie à une forme de *malaise* et de *mal vivre* dont nous avons beaucoup de mal à analyser les contradictions auxquelles nous sommes confrontés. La possibilité nouvelle par le canal des médias et des réseaux sociaux devrait être suffisante pour faire leurs revendications. Au niveau d'un meilleur partage des richesses, il me paraît souhaitable de revenir vers les idées d'un Général qui a contribué à la libération de la France et qui était pour la création d'un intéressement pour les salariés basé sur la réussite de l'entreprise.

En conclusion de ce texte concernant notre nouveau Président qui a l'opportunité de réussir des changements nécessaires, souhaitons-lui la plus parfaite réussite pour que notre pays retrouve sa quiétude, son honneur d'exister, et son devoir de savoir *ENTREPRENDRE* au profit de tous dans le contexte, nous le savons très difficile, d'une mondialisation galopante.

Etienne Le Sidaner

La crise démocratique en France

La baisse de confiance dans les institutions politiques de la démocratie représentative en France se traduit par une hausse continue de l'abstention aux élections municipales, législatives et régionales depuis les années 70 et dans une moindre mesure aux élections présidentielles. Le rejet de la politique est plus important dans les catégories populaires et la classe moyenne.

Aux élections présidentielles, qui mobilisent pourtant le plus d'électeurs, l'abstention a atteint 26,3% des suffrages exprimés au premier tour de 2022, soit plus du quart des citoyens inscrits. Si le mode de scrutin prenait en compte les votes blancs et nuls, l'abstention aurait atteint 27,9%. Et si l'on tenait compte du fait que 5% des français en âge de voter ne sont pas inscrits sur les listes électorales, on pourrait considérer que l'abstention atteint plus de 30% de la population : L'absence de choix déterminé en faveur de l'un des candidats en lice au premier tour apparaît dès lors comme le « premier parti de France » (le candidat arrivé en tête n'ayant atteint que 27,8% des suffrages exprimés).

9 7 9 8 8 7 2 4 5 5 4 4 8